これからの

ベトナムビジネス2020

Win-Winの関係がもたらす多様なビジネスと人材

目　次

第2章

多様化するベトナムビジネス　36

第3章
製造業は輸出加工から内需向けの販売へ　68

第5章

価格高騰とともに郊外開発が急ピッチに進展する不動産業

第6章

合弁、M&Aをはじめとした多様な進出形態

ベトナム主要都市マップ

プロローグ

私は2003年にベトナムで会計事務所を立ち上げ、今はベトナム（ホーチミン市、ハノイ市、ビンズン市）とカンボジア、そして東京に拠点を設け、約1000社超の日系企業のベトナムビジネス、カンボジアビジネスをサポートしている。そして、2013年4月にはベトナムでの起業10周年の節目に『ベトナム起業』という本を出版、2016年6月にはベトナムビジネスのプロフェッショナルたちとチームを編成し、『これからのベトナムビジネス』という本を出版した。

それから3年以上が経過し、時代は平成から令和へと移り変わった。ベトナムの変化は日本以上に激しく、GDP成長率は現在も6～7パーセント台で推移しており、2018年のGDP成長率は7・1パーセントと過去10年間でもっとも高い数値を記録した。その高い成長率は街並みにも大きな変化をもたらしており、ホーチミン市やハノイ市といった都市やその周辺ではつねに大規模な開発が進み、あらたなビルがつぎつぎと建設されている。もちろん、日系企業も積極的に開発に携わっており、ビンズン新都市のまちづくりを進める東急グループ、ダナン市で一大観光リゾートを建設中のホテル三日月グループなどの事業はベトナムでも大いに注目を集めている。また、２０１２年頃からは中小企業の進出も相ついでおり、２０１８年における日本からの対ベトナム直接投資件数は過去最高の６４３件（新規・拡張を合算）に上っている。

が、その一方でベトナムビジネスを取り巻く環境も大きく変化しており、それまでの〝常識〟が通用しないケースもしばしば生じるようになってきた。そこで、私はあらためてベトナムビジネスのプロフェッショナルたちとチームを編成し、『これからのベトナムビジネス』をリニューアルすることにした。あまりベトナムに興味がない人たちにも、ベトナムビジネスの入門書として興味を持っていただけるよう、コラムやインタビューを盛り込みながら、ベトナムビジネスの動向とポイントがわかりやすく理解いただけるように努めた。また、先述した東急グループやホテル三日月グループのほか、ベトナムの即席麺業界で圧倒的なシェアを誇るエースコックベトナムなどのトップ企業のロングインタビューも掲載しているので、ベテランのベトナム駐在員にとっても示唆に富んだものになっているはずだ。

また、こうしたベトナムの急激な変化を踏まえ、私たちは今後、おおむね5年おきにこの本をアップデートし、最新版を出版していきたいと考えている。将来的にはこのシリーズを読み比べることで、ベトナムビジネスの大きな潮流を捉えることができるようになるだろう。本書、そして本シリーズを通して、ベトナムビジネスのワクワク感をひとりでも多くの皆さんと共有できればと思っている。

執筆者代表　蕪木優典

第1章
ドイモイと直接投資で躍進したベトナム経済

飛ぶ鳥を落とす勢いのベトナム経済

２０１８年の実質ＧＤＰ成長率が７・１パーセントと過去10年間でもっとも高い成長率を記録したベトナム。また、グローバルな展開も盛り上がっており、同年の対ベトナム直接投資（ＦＤＩ＝Foreign Direct Investment）は２６２億６３２７万ドル（そのうち日本は83億４３０５万ドル）と高水準を維持している。

そもそも、ベトナム経済は１９９０年代以降、外国資本の進出ラッシュを受けて急成長を遂げてきた。１９９０年から２０００年までの10年間でＧＤＰは２倍以上に伸び、２０００年代半ばには成長率が８㌫台に到達、現在も６～７㌫台で推移している。またこの間、ベトナムは１９９５年にはＡＳＥＡＮ（東南アジア諸国連合）、１９９８年にはＡＰＥＣ（アジア太平洋経済協力）に加盟をはたし、中国やアメリカとの通商関係を確立させるなど国際機構や先進諸国との関係を拡大させた。

その背景には、優秀な労働力が豊富なこと、安定した政治・社会、中国とＡＳＥＡＮの中間に位置す

ベトナムビジネスの変遷

ドイモイ政策の開始と米国の経済封鎖解除、WTO加盟などにより、急成長を遂げる。GDPは2012年の時点でドイモイ政策前の約9倍に達している。

ベトナムGDPの推移

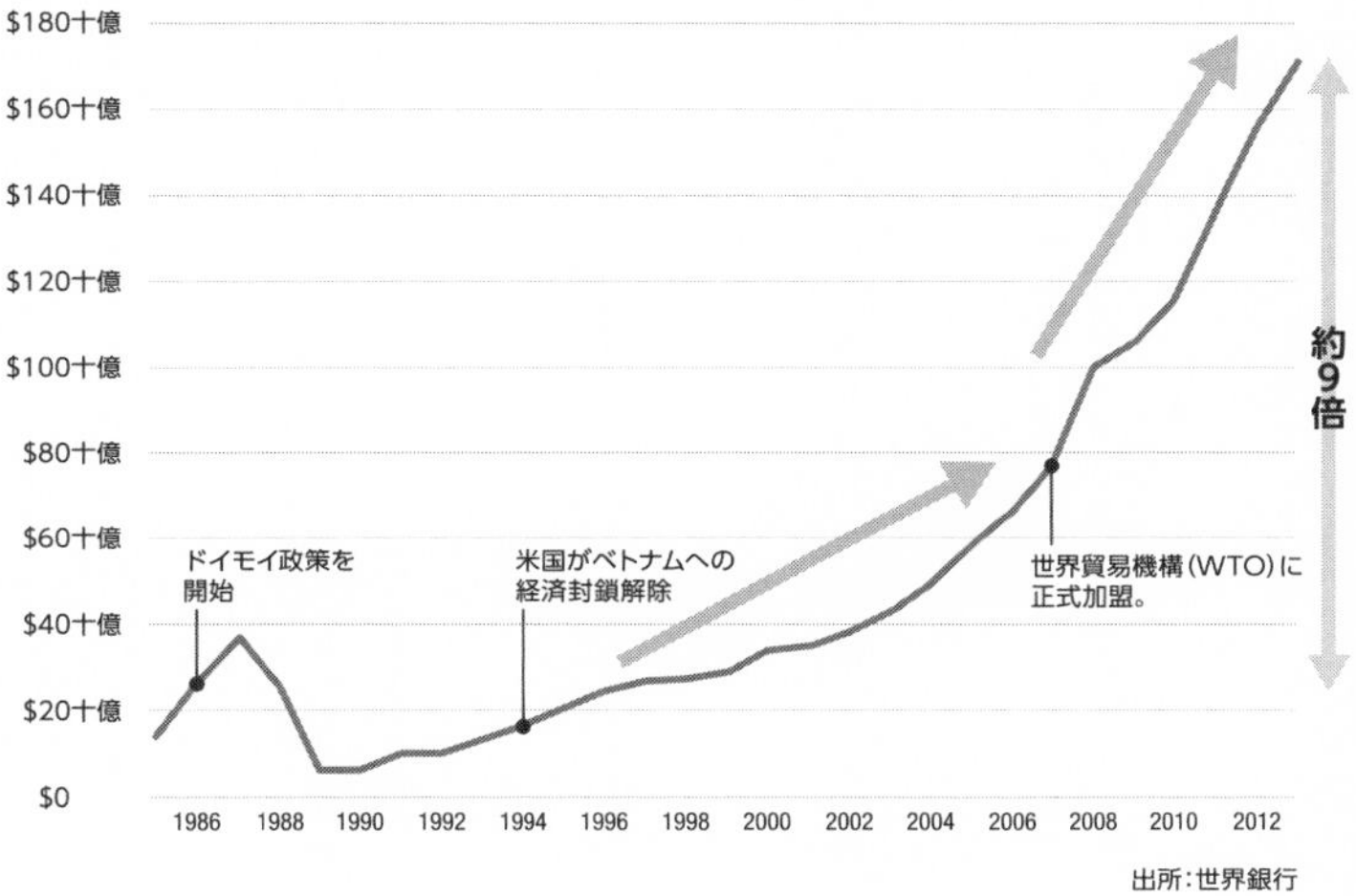

出所：世界銀行

る地理的優位性などの理由があげられる。平均年齢が31歳と若いことも大きな強みとなっているし、人口は約９５５０万人に達しており、生産拠点としてだけでなく、消費市場としても有望視されている。

まさに飛ぶ鳥を落とす勢いのベトナム経済だが、安直にベトナムビジネスに乗り出そうとしては思いがけないリスクや落とし穴に足をすくわれる恐れがある。そこで、ベトナムの本質を理解するために、まずはベトナムの経済発展の流れを概観しておきたい。

「ドイモイ」が目指したもの

１９６５年から１９７９年にかけて、ベトナムではベトナム戦争、ベトナム・カンボジア戦争、中越戦争といった戦争が相つぎ、ベトナムは国際的に孤立してしまっていた。国際社会からの圧力に加えて、国内でも農業合作社の失敗などで社会主義経済が行き詰まり、経済情勢はドンドン悪化していった。計画経済が停滞し、国家予算が大赤字になるだけでなく、生産・分配・流通も滞り国民生活は困窮する一方であった。こうした状況を打開するために１９８６年からはじまったのが「ドイモイ政策」である。

最近になってベトナムビジネスにかかわりはじめた人は「ドイモイ」という言葉を聞いてもピンとこないかもしれない。あらためて「ドイモイ」の意味を確認しておくと、日本語では「刷新」と訳されることが多く、「Ｄｏｉ（ドイ）」は「変化」、「Ｍｏｉ（モイ）」は「新しい」をあらわす言葉ということになる。ベトナム固有の語が冠されているところに、ほかの社会主義国家の革新政策とは異なる独自の取り組みであることが強調されているように思われる。１９８６年の第６回ベトナム共産党大会において宣言され、以後、ベトナムはベトナム共産党の一党支配による社会主義的な政治体制を堅持しつつ、計画経済から市場経済への転換をはかり、自由化・民主化路線を歩んだ。その結果、ＧＤＰは順調に成長し、１９９６年の第８回共産党大会では「ベトナムは社会・経済危機から脱した」と評価されるにいたった。そして、政策開始20年にあたる２００６年以降、ドイモイ政策は定着・発展期に入ったといわれる。

4つの〝刷新〟と多経済セクター

社会主義市場経済化、制度整備など広範な体系としてスタートしたドイモイ政策は、つぎの4つのスローガンのもとで推進されていった。

思考の刷新（従来の社会主義路線を変更）
経済発展戦略の刷新（重工業優先から農業重視への転換など、産業政策の見直し）
経済体制の刷新（計画経済から市場経済原理を取り入れた混合経済体制へ移行）
対外戦略の刷新（国際協力への参加を推進）

具体的な政策としては、多経済セクターの存在や私有財産の一部を認める、企業の自主裁量権の拡大、海外資本の投資受け入れなどの対外開放、共産党内の民主化、農業請負制の導入などがあげられる。なかでも大がかりな転換だったのが、従来の社会主義経済における国家所有・共同所有にもとづく経営だけではなく、多経済セクターによる経済活動が認められるようになったことだ。

もちろん、ベトナムの国営企業がいっせいに民営化されたわけではない。ベトナムのような社会主義市場経済においては、企業の自主性や市場原理に任せる部分と、それをどこまで政府が管理・掌握するかの線引きが重要な課題となる。ベトナムの場合、民営化されたのは国家が１００パーセント資本を掌握している必要がなく、国家が経営に参加しなくてもいいケースのみだ。具体的にいうと、国家が資本を掌握する必要がある分野とは、国家の専売に指定されているものや食糧・石油・

ガソリンの卸売、鉱物・金属・エネルギー・化学・薬品・重機・鉄道・航空・海運・通信・銀行、軍需産業・公共交通機関・都市の給水・排水施設といった公益事業など。たとえば民営の機械部品製造業者でも、原材料の鉄は国営企業から購入することになる。ガソリンも小売は民間で自由に価格設定できるが、卸売は政府が握っている。国家・政府は基幹産業を掌握し、資本主義的な経営に負けないよう効率化・合理化した国家セクターによって経済活動を牽引していくというわけだ。

ドイモイがもたらした成果

では、ドイモイ政策によってどのような成果があがったのかを具体的にみていきたい。まず、民間企業の進出は当初、もっぱらサービス産業と運輸業が中心だったが、徐々に製造業でも活発な取り組みがみられるようになっていった。ベトナム統計総局によると、２００５年１〜10月の工業分野全体の生産高は対前年同期比16・７パーセント増で、そのうち民営企業は24・５パーセント増。２００１年と比較すると、民営企業は92・３パーセント増で、生産高に占める各セクターの比重でも民営企業の伸びが顕著だった。物理的強制力や法的強制力によって企業活動を縛り付けるのではなく、多経済セクターによる競争を認めつつも経済の大枠を国家セクターを通じて政府が掌握するという絶妙な舵取りが、ベトナム人の社会的積極性や勤労意欲を引き出したのである。

その結果、一人当たりＧＤＰは２００８年に１０００ドルを超えるまでに。そして雇用機会の増大と貧困撲滅計画は順調に推移し、１９９１年から２００６年にいたるまでに年平均１００〜１２０万人もの雇用機会をつくりだした。

国際的な地位の向上も目覚ましい。隣国やＡＳＥＡＮ諸国、旧社会主義諸国とだけでなく、先進諸国や国際的組織、国連直轄機関などとも外交関係を結ぶようになり、直接外国投資もＯＤＡ（政府開発援助）などの国際支援も増加した。なかでも２００７年のＷＴＯ（世界貿易機関）正式加盟は、もっとも大きな転換点だったといえるだろう。これを機に、ベトナムは晴れて貿易や投資、ビジネス面でグローバル市場に参入し、世界共通ルールが適用されることになったのだ。

ＷＴＯ加盟以降の目を見張る急成長

２００７年のＷＴＯへの正式加盟を機に、ベトナムはＷＴＯとの公約にしたがって、サービス分野を外資に市場開放。情報・建設・流通・環境・金融・保険・観光など計11のサービス分野で段階的に規制緩和を進めていった。また、中国一極集中を回避するためのリスクヘッジ先として注目を集めたこともあり、対ベトナム直接投資額は一気に加速。２００８年には認可ベースで７１７億ドルに達し、第２次投資ブームが巻き起こった。同年には日本からも出光興産や三井化学などが進出し、ベトナム北中部タインホア省における製油・石油化学プラント案件など、大型投資プロジェクトが認可されている。

　だがその後、リーマン・ショックの影響で２００９年の対ベトナム直接投資は７割減の２１５億ドルにまで急落。それから２０１５年頃までは２００億ドル前後で推移しているが、その一方で２０１２年頃から中小企業やサービス業などの認可件数が増加しはじめ、第３次投資ブームが到来。その勢いは今もつづいており、２０１８年には新規・拡張を合わせて４３４２件（そのうち日本は６４３件）という過去最高の直接投資件数となっている。

　もちろん、こうした直接投資の影響もあり、ベトナム国内の経済は堅調に推移している。リーマン・ショックで一時的に落ち込んだものの、２０１０年には実質ＧＤＰ成長率が６・８パーセント（前年は５・３パーセント）に上昇し景気減速から脱却。それ以降は順調に成長を遂げ、２０１８年の実質ＧＤＰ成長率は７・１パーセントに達している。ベトナム共産党は第12回党大会において、２０１６年～20年のＧＤＰの成長目標を年６・５～７パーセントと定めていたが、すでにそれを上回る成

ベトナムビジネスのトレンド

第1次ブーム、第2次ブームが製造業中心であったのと対照的に、
第3次ブームは小売業・サービス業が中心

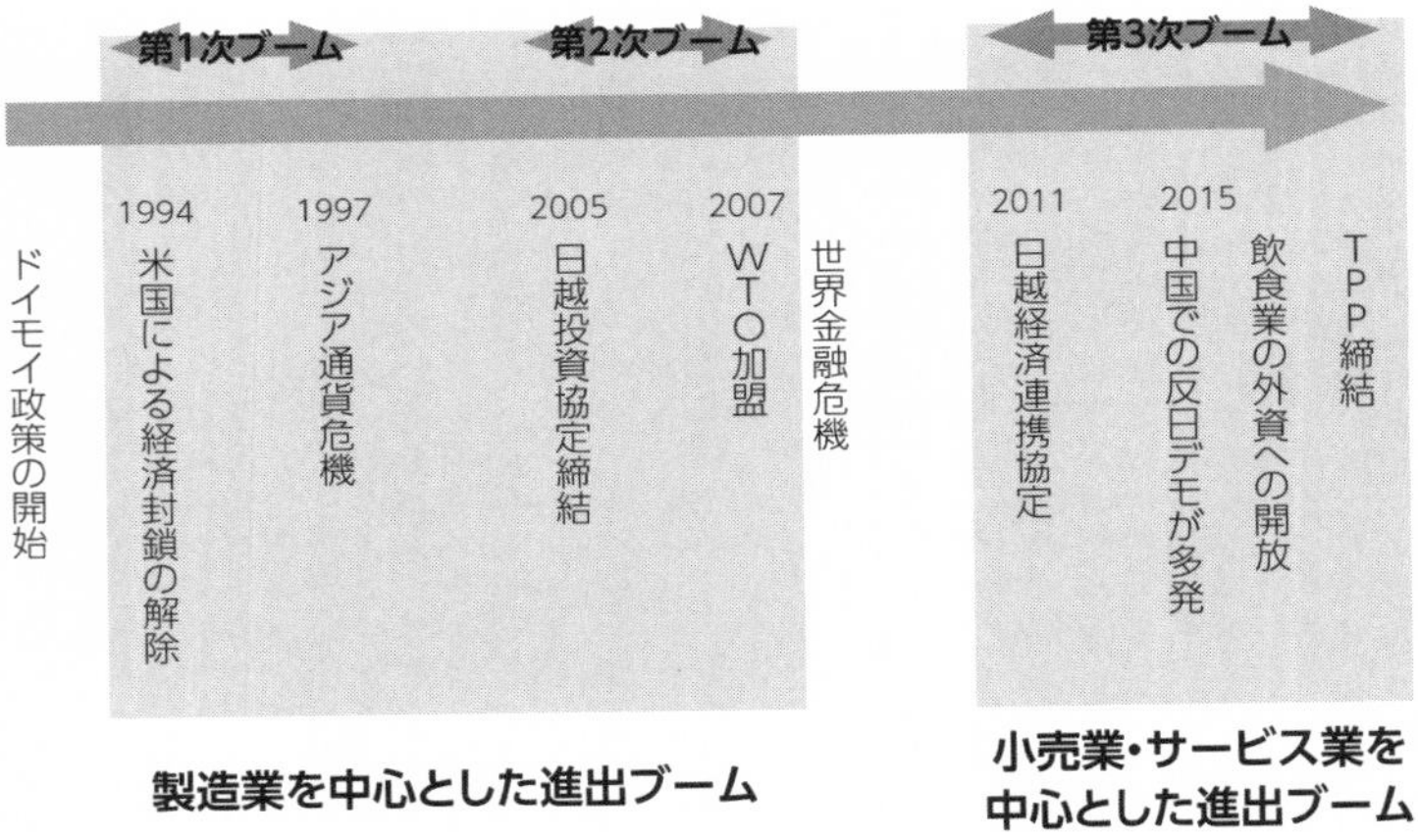

ベトナム投資の魅力（チャイナプラスワン）

中国への一極集中により高まるチャイナリスクの
リスク分散先としても、ベトナムへの注目は高い

チャイナプラスワンの考え方

チャイナリスク

知的財産権の侵害や模倣品問題
行政手続きの不透明性
ストライキ・賃上げなどの労務問題
輸出制限や輸入品に対する高関税
中国製品・食品の安全性問題など

＋

プラスワン

中国への一極集中で高まるチャイナリスクを他国にて低減

ASEAN諸国が候補地
なかでも日本企業との親和性が高い
ベトナムが最有力視されている

果があがっているのだ。

過熱する対ベトナム直接投資

　この章の最後に注意しておきたいのは、躍進するベトナムに注目しているのは日本だけではないということだ。先述したとおり、２０１８年の対ベトナム直接投資の件数は新規・拡張を合わせて４３４２件となり、過去最高を記録。認可額は２６２億６３２７万ドルで、前年よりは減少したものの、過去3番目に高い数値となっている。また、業種別にみると「製造」が認可額の半分以上を占めており、認可件数についても製造が１８６４件（新規は１１０６件）と1位。ついで、「小売り・卸売」が９１１件（同７８８件）で2位、「コンサル等」が４８２件（同３９１件）で3位となっている。こうしたなか、日本は２０１８年の対ベトナム直接投資に関しては83億４３０５万ドル（認可額ベース）と2年連続で首位を獲得しているが、この年に関してはハノイ市におけるスマートシティ開発案件が寄与しているところが多く、認可件数においては2位の韓国が日本の2倍以上となる１４８２件を記録している。

　２０１９年の日本の対ベトナム直接投資は31億８６６０万ドルと減少しており、順位も香港、韓国、シンガポール、中国についで5位となっているが、長年にわたってベトナムと友好的な関係を築いてきた日本には優位性がある。日本はベトナムにとって最大の援助国であり、ビジネスパートナーでもある。事実、２０００～２００９年までの10年間で１５３５億ドルものＯＤＡを供与し、カイラン国際港、ハノイ－ハイフォン間幹線道路、ハイバン峠トンネル、ダナン国際港、ホーチミン市東西幹線道路などの大規模なインフラ整備を支援しているし、現在も継続的にＯＤＡによる支援を行っている。また、南シナ海領有権問題でいさかいが生じている中国のように、政治的な問題がないことも大きい。ベトナムが躍進している今こそ、これまでに培ってきた信頼関係を生かし、Ｗｉｎ－Ｗｉｎのビジネスを構築すべきではないだろうか。そこで、次章ではより詳細にベトナムビジネスの現況や動向を紹介しつつ、日本企業が参入できるビジネスチャンスを検証してみたいと思う。

コラム

1 西欧列強による支配がつづいたベトナム

ベトナム史は、度重なる外国の侵略との闘争の歴史である。長らく中国の支配下にあったベトナム北部が初めて独立をはたしたのは10世紀のことで、その後も元や明などの侵攻を受けつつ12～19世紀には何度か王朝が入れ替わり、19世紀後半から20世紀中頃まではフランス植民地主義に苦しめられた。そして1939年に第二次世界大戦が勃発、翌年にナチス・ドイツの侵攻によってフランスが敗北すると、同年9月には降伏を受け入れた親ナチスのヴィシー政権の承認の下で日本軍がフランス領インドシナに進駐した。フランスの植民地支配からの解放をうたっていたが、その実、この仏印進駐は軍事物資と資源を求めての東南アジアへの支配拡大・侵略にすぎなかった。1945年9月、日本の降伏により第二次世界大戦が終結。フランス、そして日本の支配からの独立運動として1941年に組織されたベトミン(ベトナム独立同盟)がただちに一斉蜂起してハノイを占拠、ホー・チ・ミン主席によりベトナム独立宣言がなされた。

これでベトナムはついに独立をはたしたが、休む間もなくまたも戦勝国の侵略と冷戦構造に巻き込まれていくことになる。ベトナムをもとの植民地に戻して戦争で失われた自国の国力を取り戻したいフランスが各地で攻撃を開始、ベトミンがこれに反撃したことで第1次インドシナ戦争がはじまったのだ。1949年にフランスが傀儡政権を樹立すると、これに対抗して中華人民共和国やソ連はホー・チ・ミンのベトナム民主共和国（北ベトナム）を国家として承認。このあたりから、ベトナムにおいて資本主義国家対社会主義国家という対立構図が描かれはじめる。ベトミンの猛攻によってフランス軍はしだいに追いつめられ、最終的にディエンビエンフーの戦いに破れ決定的に勢力・影響力を失った。1954年に和平会談が行われてフランスは撤退したが、このときに結ばれたジュネーブ協定はベトナム南北分裂の原因となった。

そしてフランスの後を継ぎ、「共産勢力拡大を防ぐ」という名目でベトナムに乗り込んできたのがアメリカである。アメリカは1955年、反共産主義者でクリスチャンのゴ・ディン・ジェムを擁立し、ベトナム南部にベトナム共和国（南ベトナム）を成立させた。1961年、ジョン・F・ケネディが米国大統領に就任すると、それまで宇宙開発などでソ連に後れをとっていたアメリカを立て直すため、キューバやベトナムなどの第3世界への軍事介入を強めていった。1961年の南ベトナムへの駐留アメリカ軍の数は3000人以上、翌年には約1万1000人に上った。1963年、暗殺されたケネディに代わって大統領になった副大統領のジョンソンはベトナムへの介入をさらに強め、１９６５年の北爆（ハノイへの爆撃）をきっかけとして本格的にベトナム戦争がはじまった。同年には北ベトナムへのローリングサンダー作戦、海兵隊のダナン上陸、Ｂ52による南ベトナム解放区爆撃、北爆の強化、南ベトナム解放戦線によって占領された南ベトナム領内への枯葉剤散布など、ベトナム戦争は泥沼化していった。

こうしたアメリカ軍の本格介入で劣勢に追い込まれた北ベトナムだったが、１９６８年1月、北ベトナム側のベトナム人民軍と南ベトナム解放戦線は巻き返しをはかってテト攻勢をかけ、サイゴンのアメリカ大使館の一部を一時占拠した。同年末にはニクソンが選挙に勝利して大統領になったが、アメリカ国内ではベトナム戦争への批判が高まっていった。そんななか、パリでアメリカのキッシンジャー補佐官と北ベトナム側のレ・ドク・ト特別顧問の間で平和交渉が進められ、１９７３年1月、アメリカとサイゴン政権（南ベトナム側）、ベトナム民主共和国と南ベトナム解放戦線（北ベトナム側）、全4者が「ベトナムにおける戦争と平和の回復に関する協定」に調印し、停戦協定が成立。同年3月29日にニクソン大統領がベトナム戦争終結を宣言、アメリカ軍は南ベトナムから撤退した。その後、ベトナム民主共和国（北ベトナム）の主導で南北が統一され、現在のベトナム社会主義共和国が成立。実に10年以上にわたってつづいたベトナム戦争にようやく終止符が打たれたのだった。

しかし、悲しいことにその後もベトナムの戦火はつづいた。ベトナム戦争中は国内の親米勢力に対抗するために共闘していたカンボジア共産党(クメール・ルージュ)がベトナムに攻撃をしかけたのを発端として、3年間にわたるカンボジア・ベトナム戦争が勃発。1978年12月、ベトナム軍15万人がカンボジアに侵攻しポル・ポト政権を打倒、翌年から10年もの間ベトナムによるカンボジア支配がつづいた(1989年9月まで)。さらに1979年にはカンボジアを支援していた中国とベトナム軍との間で中越戦争も起こった。

ベトナム史年表

10世紀

938年　ゴ・クエン将軍が南漢を破り、みずから王を名乗って中国の支配から独立

944年　ゴ・クエン王の死後、内紛がつづき群雄割拠時代に。丁朝、前黎朝などがつぎつぎと興る

11世紀〜18世紀

元や明などの侵攻を受けつつ、何度か王朝が入れ替わる

19世紀

1862年　フランスとの争いに敗れ、ベトナムは第1次サイゴン条約に調印する

1882年　フランス、ハノイを占領

1884年　ベトナムはフランスの保護国となり、実質的な植民地に

1887年　フランスがインドシナ総督府を設置

1899年　仏領インドシナ連邦が設立

20世紀

1939年　第二次世界大戦が勃発

1940年　ナチス・ドイツの侵攻でフランスが敗北、降伏を受け入れた親ナチスのヴィシー政権の承認の下で日本軍がフランス領インドシナに進駐

1941年　フランスと日本の支配からの独立運動として、ベトミン（ベトナム独立同盟会）が組織される

1945年　日本軍の援助でバオダイ帝が即位し独立宣言するも、日本の敗戦後、ベトミンが一斉蜂起しハノイを占拠、「ベトナム民主共和国臨時政府」を樹立。ホー・チ・ミン主席によりベトナム独立宣言がなされた

1946年　フランス軍がベトナムを植民地に戻そうと南部にコーチシナ共和国を樹立、インドシナ戦争がはじまる

1954年　ベトナムがディエンビエンフーの戦いでフランス軍を破る。北緯17度線が軍事境界とされる

1955年　アメリカが反共産主義者でクリスチャンのゴ・ディン・ジェムを擁立し、ベトナム南部にベトナム共和国（南ベトナム）が成立

1960年　南ベトナム解放民族戦線が発足、第2次インドシナ戦争がはじまる

1961年　ジョン・F・ケネディが米国大統領に就任、キューバやベトナムなど第3世界への軍事介入を強めていった

20世紀

1963年 暗殺されたケネディに代わって大統領になったジョンソンがベトナムへの介入をさらに強める

1964年 アメリカ軍の北爆がスタート。以後、北ベトナムへのローリングサンダー作戦、海兵隊のダナン上陸、B52による南ベトナム解放区爆撃、南ベトナム領内への枯葉剤散布など、ベトナム戦争は泥沼化

1968年 ベトナム人民軍と南ベトナム解放戦線が巻き返しをはかってテト攻勢をかけ、サイゴンのアメリカ大使館の一部を一時占拠。年末にはニクソンが選挙に勝利して大統領に

1969年 ホー・チ・ミン死去

1973年 パリでアメリカのキッシンジャー補佐官と北ベトナム側のレ・ドク・ト特別顧問の間で平和交渉が進められ、この年の1月、アメリカとサイゴン政権（南ベトナム側）、ベトナム民主共和国と南ベトナム解放戦線（北ベトナム側）、全4者が「ベトナムにおける戦争と平和の回復に関する協定」に調印し、停戦協定が成立。3月29日にニクソン大統領がベトナム戦争終結を宣言、アメリカ軍は南ベトナムから撤退した

1975年 サイゴン陥落

1976年 ベトナム社会主義共和国樹立

1977年 ベトナム軍がカンボジアに侵攻。翌年も再度侵攻

1979年 中国軍がベトナム国境に侵攻。一時紛争状態に

1986年 ドイモイ政策が採択される

1995年 アメリカと国交を回復

1996年 ASEAN自由貿易地域（AFTA）参加

1998年 アジア太平洋経済協力（APEC）参加

21世紀

2003年 日越投資協定締結

2007年 世界貿易機構（WTO）に正式加盟

2016年 環太平洋パートナーシップ（TPP）締結

2018年 環太平洋パートナーシップに関する包括的及び先進的な協定（TPP11協定）発効

コラム

2

ベトナムでも香港と同じような大規模デモが起こる可能性はあるのか

２０１９年の香港で起こった大規模デモのように、ベトナムでもデモによって政治や経済が不安定になることはないだろうか。事実、ベトナムでは今も反中デモや各種労働争議などが起こっている。このまま経済成長にともなって貧富の格差が拡大し、一方で労働者が権利を主張していくトレンドが高まっていけば、低所得者の不満はますます強くなるだろう。そのうえ、経済が停滞してしまったら、いよいよもって大規模デモのリスクが顕在化してくるかもしれない。

また、ベトナムは共産党一党独裁の社会主義国であり、政治的自由や言論の自由は制限されている。報道の自由度ランキング２０１９年で世界１７６位（なお、香港は41位、日本は67位）となっており、世界でも政治的な自由がなく、非民主的な国のひとつに数えられているほどだ。そのかぎりでは、香港と同様、民主化を掲げた大規模デモが発生する可能性もある、そう思うのは当然だ。

だが、結論からいうと「現時点では心配がない」といえる。なぜなら、ベトナムの経済成長は当面、持続する傾向にあり、経済的な面で不安がないからだ。また、経済成長にともない国際的な地位が向上しつづけていること、社会主義体制の下で大きな問題が生じていないことなども理由にあげることができる。

こうした背景から、ベトナムの国民は不満が蓄積しにくい状況にあり、現状では国民が香港のように民主的な権利を主張することがほとんどない。もちろん、今後10年以上先の未来では、経済状況や政治状況が大きく変化している可能性もあるし、施行されたばかりのサイバーセキュリティ法などでメディアや民間企業への介入がさらに進む可能性もあるが、この先の5年くらいまでは経済停滞や民主化を求めるような大きな動き、そしてそれにともなう政治的な混乱は生じないと思われる。

サイゴン川の夕景(ホーチミン市2区から)

サイゴン大聖堂(現在改修作業中)

第2章

多様化するベトナムビジネス

ベトナムビジネスの現況

では、現在のベトナムは実際にどのような状況にあるのか。あらためて今日のベトナムを紹介しながら解説しておきたい。

ベトナムの面積は33・1万平方㌖《キロメートル》と日本の約0・9倍で、人口は約9550万人。人口増加率はここ数年1・0㌫《パーセント》程度となっており、日本の人口増加率がマイナス0・2㌫《パーセント》であるのに対し、優位性がある。一人当たりGDPは2590㌦《ドル》とさほど高くはないが、着実に伸びてきており、すでにその市場性に多くの国々が注目している。ちなみに、ハノイ国民経済大学人口社会問題研究所の元所長のグエン・ディン・クー氏によると「人口構成の黄金期」（少数の被扶養者を多くの現役世代が支える時期）は２００６年にはじまり、２０３４〜２０３９年に最大期が到来、最終的に２０４２年までつづくという。そして、２０１７年に約６５００万人だった労働力人口（15〜64歳）は、最大期においては約７２００万人に達するという。当然、それにともないＧＤＰも増加していくだろう。

国土は南北に１２００キロメートルと細長く、北に首都で政治都市のハノイ市、南に商業都市のホーチミン市という2大都市を抱えている。このふたつの都市はそれぞれ空港を持っており、成田空港や羽田空港からも容易にアクセスすることができるようになっている。そのため、ベトナム進出企業の大半はこのふたつの都市のいずれかに進出しようとする。

ホーチミン市の中心地。もっとも高いビルはビテクスコ・フィナンシャルタワー（68階建）

とくに人気があるのは商業都市である

建設途中のランドマーク81

ホーチミン市だ。人口規模は約９００万人と多く、かつまだまだ成長途上にある雰囲気が漂っていてワーカーも集めやすい。見渡せば、いたるところに建設中のビルがあり、今も街の表情は変わりつづけている。だが、それゆえの欠点もある。市内はすでに飽和状態かつ環境規制などの問題で、製造業関係の工場を建てることができなくなっているのだ。そのため近年、進出する工場は郊外や周辺地域に立地せざるをえなくなっている。転じてITをはじめとしたサービス業関係の企業は大規模な土地を必要としないため、ホーチミン市においても展開しやすい状況にある。

一方、ハノイ市はもともと政治都市といった印象が強い。ホーチミン市に比べて都市化は緩やかだが、それでも人口は約８０５万人と多く、市場性は十分に見込める。また、国や政府の機関が集中しているので、行政とのやりとりが便利といった利点もある。住友商事などによるハノイ市でのスマートシティ案件などはまさに行政主導のプロジェクトであり、このような政府関与の案件に食い込むことができれば、ベトナムにおけるビジネスは急拡大するだろう。また、近年はホーチミン市周辺での工業団地の供給不足もあり、大型製造業のハノイ市進出がホーチミン市に比較して増加してきていることも注目される。そのほか、ホーチミンエリアのビンズン新都市や中部の観光都市であるダナン市など、注目度が急上昇中の都市もあるが、それらについては次章以降でじっくりと紹介したい（ビンズン新都市については5章、ダナン市については4章で紹介）。

ただ、こうした経済成長がつづく一方、労働コストの優位性は徐々に失われつつある。かつて、ベトナムの労働力は他国に比べて圧倒的に安価で、それだけで競争力を有することができたが、経済がある程度成長したことで労賃も地価も上昇傾向にある。しかし、その点を悲観する必要はない。ベトナムやそこで暮らす人々とともに成長を遂げていけば、自然と売り上げも利益も伸ばすことができるし、ますます教育水準が上がり、ただでさえ優秀なベトナム人がより優れた能力を持つようになっていけば、彼らとともにより素晴らしい未来を描けるのだから。まさにこれからのベトナムビジネスはベトナムを利用するのではなく、たがいにＷｉｎ-Ｗｉｎのビジネスモデルを構築していくことが重要なのだ。

マクロな経済動向

1章で述べたとおり、ベトナムでは第3次投資ブームの勢いが継続しており、2018年の実質GDP成長率も7・1％《パーセント》と高い水準となっている。もちろん、その要因としては日本をはじめとする海外からの投資が順調なことがあげられるが、もう少し踏み込んでみると米中貿易摩擦の影響もあることがわかる。実際、野村インターナショナルのレポートによると、米中摩擦を理由にした移管計画82件（2018年春から2019年夏までの間）のうちベトナムへの移転を示したものが最多で、全体の3割を占めたという。ただし、これはあくまで米中貿易摩擦という外部要因によるものなので、漁夫の利はいつまでも得られるものではないということを認識しておきたい。

マクロな動向を把握するうえでは、ベトナムの経済成長の象徴ともいえるビングループについても触れておきたい。ビングループはベトナム最大手の複合企業であり、不動産事業を軸に多角経営を推し進めている。ホーチミン市やハノイ市といった都市部の一等地で大規模不動産事業を手掛け、そこで得た利益を別の事業に投資するというサイクルを繰り返すことで、複合企業に進化してきた。いまやグループ各社がスーパーマーケットやコンビニ、ドラッグストアといった小売業のほか、ホテル・リゾート事業、自動車製造事業、航空事業、病院事業、教育事業などを展開しており、もはやすべての産業にビングループの影響がおよんでいるといっても過言ではない。

たとえば自動車製造業に関しては、子会社のビンファストが２０１９年６月からベトナム初の国産ブランド車の生産をはじめている。しかも、この動きにあわせてビングループは、配車サービスを展開するファストゴーというローカル企業と業務提携し、ビンファストの「ファディル」という小型車や「ＬＵＸ」という高級セダンを供給するという。しかも、利用者の目的地がビングループの施設などであった場合、割引が受けられるというサービスも実施するとしている。まさに複合企業ならではのビジネスモデルである。とかく日本企業の場合、規模が大きくなるとスピード感に欠けてしまうという印象があるが、ビングループに関してはベトナム最大手となった今もとにかくスピーディに攻めつづけている印象がある。

驚きのベトナム人の購買意欲

海外からの投資やビングループをはじめとしたローカル企業の活躍により、右肩上がりの経済成長を遂げているベトナムだが、その背景にはベトナム人の驚くほどの購買意欲があることを忘れてはならない。日本で年収を上回る金額の車を買う人がいたら、よほどの車愛好家

つぎつぎと高層ビルが建つホーチミン市の市街地

と思われるが、ベトナムではそれが普通なのだ。たとえば、弊社（アイ・グローカルグループ）を例にとっても、ベトナム人の社員たちの平均年齢は26歳程度と若く、その大半が月収10万円以下だが、当たり前のように最新のiPhoneを自分で買っている。

多くの人にとって人生で一番大きな買い物である住宅についても、ベトナム人の旺盛な購買意欲がうかがえる。多くのベトナム人は金利が10パーセント以上であるにもかかわらず積極的にローンを組んで住宅を買うのである。しかも、返済期間は日本で一般的な35年に比べて、ベトナムは15年～25年が一般的。ひと昔前はローンを組まずに親族などから現金を集めて家を購入するケースが多かったようだが、最近は不動産価格の上昇により、7割程度の人たちがローンを組んでいるという。毎月の返済がほとんど金利ということになってしまうが、それをいとわないのである。

おそらくこうした購買意欲の背景には、今日よりも明日、今年の収入より来年の収入のほうが高くなるという確信があるのだと思う。それを裏づけるように、金融機関各社は最初の数年は金利を半分程度にするキャンペーンを打ち出している。年収が上がるという前提があるので、最初の数年だけでも支払いを抑えられればなんとかなるという考えにもとづいたものだ。そして、多くのベトナム人たちは自分の子どもは両親に面倒をみてもらい、とにかく夫婦共働きで必死に稼ぎ、ローンを組んででも生活を豊かにしようとしている。まさにこうした労働意欲と購買意欲が経済成長を支えているのである。

日系企業としては当然、この労働意欲と購買意欲に着目しなければならない。労働意欲を取り込んで優秀な人材とともにＷｉｎ‐Ｗｉｎのビジネスモデルを構築し、購買意欲を取り込んでベトナムの〝今〟を捉えた商品やサービスを販売しなければならないのだ。

増加する日系企業と日本人

日本からの投資が増えつづけているのだから、当然、ベトナムに拠点を置く日系企業や日本人も増加しつづけている。たとえば、日本商工会に加入する企業の数は増加しつづけており、現在、その数はホーチミン市１０００社、ハノイ市７５０社、ダナン市１５０社程度となっており、実際の進出企業は３０００社から４０００社といわれている。

それにともない、日本人向けの飲食店やホテルなども増加している。その象徴ともいえるのが、ホーチミン市の「レタントン通り」にある日本人街である。メインストリートには日本人が居住するマンションやホテルが立ち並んでいるが、ここで注目したいのは路地裏だ。数年前までは一等地でありながら何の変哲もない店やアパートが軒を連ねていたが、今では個性的な居酒屋やラーメン店、スナック、ガールズバーなどが所狭しと軒を連ねている。しかも、この5年ほどでベトナム人が経営する店舗だけでなく、日本人が経営する店舗も急増しており、切磋琢磨によるサービスレベルの向上も感じられる。

地下鉄の工事区域

日系企業と日本人がここまで増加するようになった背景には、ホーチミン市やハノイ市の都市環境が整ってきたことも大きい。いまやＷｉ－Ｆｉは当たり前のように使用することができるし、ウェブ会議システムを活用すれば日本とも綿密な打ち合わせなどをすることができる。また、２０１

6年に1区に進出したデパートの高島屋や、現在ベトナムで5店舗（ハノイエリアに2店舗、ホーチミンエリアに3店舗）を展開するイオンモールなどでは日本製の食品を気軽に購入することができるし、レタントンにかぎらず日本食店は日を追うごとに増えている。さらに後述するが、ここ数年、都市部の教育、医療サービスも非常に充実してきており、駐在員だけでなく、その家族も安心して住めるような都市環境になりつつある。

急激に変化を遂げるインフラ

その反面、遅れているのが、道路や鉄道といった社会インフラの整備である。ベトナムといえば道路がバイクで混み合っているというイメージがあると思うが、その状況は車が増えたことでさらに悪化し、交通渋滞が大きな社会問題となっている。そこで、ホーチミン市ではホーチミン市メトロ計画（地下鉄部分を含む）を立案。現在、日本のODAを活用しながら2020年の開通を目標に、日本の大手ゼネコン（三井住友建設や清水建設、前田建設など）とローカル企業による合弁会社が1号線（14駅分、20キロメートル弱、ベンタインースオイティエン間）の工事を進めている。観光地としても知られるベンタイン市場と日系デパートの高島屋の間にもこの1号線は通る予定で、工事中の一角は青い仕切りで囲われている。工事費用の増加によって一時は工事代金未払いなどの問題でプロジェクトが一時停止するなどの困難にも直面したが、今のところ2021年内には開業する見込みとなっている。このベトナム初の地下鉄は、ベトナムの社会インフラにとって大きな一歩になるはずだ。

なお、ハノイ市でも同じくメトロ計画は進められており、すでに試運転なども実施されている。こちらもハノイ経済を盛り上げる大きな要素となるだろう。

その一方、これまで未整備だった高速道路は、この10年で急激に整備されている。2010年にホーチミン―チュンルン間にベトナム初の高速道路が開通したのを皮切りに、2015年末にはハノイ―ハイフォン間にも高速道路が開通するなど、幹線道路が徐々に整備され、それにともない製造業が郊外に広がりつつある。そのほか、道路の舗装状況が劣悪だったり、電力や上下水道の整備が不十分だったりと、問題点を数え上げればキリがないが、それでも徐々に整備されていっているのは間違いない。また、こうした社会インフラの整備に関しては、まだまだ日本が貢献できる部分が大きいように思う。

建設中のメトロ1号線の高架

こうした状況下において、都市部で勢いを

伸ばしているのがマレーシア人が創業し、シンガポールに本社を置くＧｒａｂ（グラブ）という配車サービスだ。スマートフォンで簡単に車やバイクを呼んだり、食べ物などの配達を依頼できるサービスであり、ホーチミン市やハノイ市の市街地を歩くと、グラブの車やバイク、そしてグラブのジャンパーを着たスタッフを頻繁に見かけるし、市民たちも当たり前のように利用していることがわかる。鉄道や地下鉄などの交通インフラが未整備であるがゆえに、日本以上にグラブのような配車サービスへの需要があるのだろう。ちなみに配車サービスといえば、日本でも圧倒的な知名度を誇るＵＢＥＲ（ウーバー）が有名だが、実はベトナムではグラブの勢いにおされて、グラブに買収されてしまっている。現在では、Ｇｏ-Ｖｉｅｔ（ゴーベト）やＢｅ（ビー）、Ｆａｓｔ Ｇｏ（ファストゴー）などのライドシェアアプリもバイクを中心に徐々に普及してきており、マーケットも拡大してきている。

　交通インフラの整備が後手に回っているのに対して、通信インフラの普及はめざましい。ベトナム統計総局によると、２００３年時点でわずか３パーセントだった携帯電話普及率はすでに１００パーセント超となっており、ひとりで複数台の携帯電話を所有するケースが増えているという。都市部にはインターネットカフェがいたるところにあり、ホテルやカフェでは当たり前のようにＷｉ-Ｆｉも使える。さらに５Ｇ（第５世代移動通信システム）についても、ベトナムの大手通信事業者のベトテルなどが中心となって2020年の商用化に向けて動いている。5Gによって4Gの100倍の高速通信(理論値で10Gbpsレベル)が実現すれば、AI(人工知能)やIoT(モノのインターネット)が活躍できるフィールドも一気に拡大するし、従来にない発想のビジネスやITベンチャーも誕生するだろう。

ダイナミックな産業構造の変化

つぎにベトナムにおける日系企業の産業動向を追ってみたい。10年以上前のベトナムといえば、製造業の拠点というイメージが強かったが、その後、ベトナム国内の中間層の拡大にともない、製造業に加えて商社・販売会社・小売、ITなどの業種が増加し、ここ数年は不動産、さらには飲食、医療、教育といった業種が盛り上がってきている。また、企業規模に関しては第3次投資ブームを中小企業が牽引していることからもわかるように、政府や大手企業による大型プロジェクトがある一方で、圧倒的に中小企業の進出件数が増加している。また、ベトナムの市場性はもちろん、ASEAN全体の市場性をターゲットにした動きも目立つようになってきた。

エリアとしては今も昔もホーチミンエリアかハノイエリアが人気だが、都市部に近い工業団地は飽和状態で、敷地が必要になる製造業はハイフォン市をはじめとした別エリアに進出する傾向がみられる。他方、非製造業の大半はホーチミン市かハノイ市に進出するが、やはり依然として商業都市であるホーチミン市のほうが人気で、ホーチミン市での事業が軌道にのったら、ハノイ市にも出店するといったケースが多い。最初からハノイ市に進出するケースをみると、提携先がハノイ市にある、プロジェクトベースの合弁会社をハノイ市で立ち上げることが事前に決まっているといったケースが大半だ。

ベトナム人材に対する見方も大きく変わった。製造業がメインだった頃は安価な労働力ばかりが注目されていたが、いまや語学やITなどに秀でた高度人材を確保できるという点も注目されている。とりわけITの分野では日本以上に優秀なエンジニアを雇用できるともいわれており、5年ほど前はオフショア開発の拠点と捉えられることが多かったが、いまやR&Dの拠点として先端の研究や開発が行われているケースもある。そして、そういった高度人材の給与も急激に上がってきている。

最近は福祉・介護人材にかぎらず、優秀なベトナム人材を日本で登用しようとする企業の動きも活発化しつつあり、そういった人的交流が進めば、さらに日本とベトナムのビジネス交流は発展していくものと思われる。

増えつづける商社・販売会社・小売業者

では、具体的に2020年時点における注目の業界を紹介してみたい。まず注目したいのは商社・販売会社・小売業者の動きだ。WTO加盟にともない、ベトナムは2009年に外資系の商社・販売会社の現地法人の設立を認可。以来、多くの企業が現地法人として進出しており、今もその勢いは減速していない。さらに、2018年には法改正があり、①輸入②輸出③卸売に関してはベトナム法令で禁止される商品以外はすべて取り扱えることになっている。

こうした背景から、この10年くらいの間、商社・販売会社の進出件数は堅調に推移しており、弊社(アイ・グローカルグループ)も毎月2件くらいのペースで商社・販売会社の設立を支援している。かつては大手総合商社を含め、ベトナムには駐在員事務所だけを設立し、親会社のサポート事業を展開していたが、2009年以降は現地法人を設立できるようになったので、大手から中堅までさまざまな商社が進出するようになった。また、最近は小規模な専門商社なども続々と進出してきており、ベトナムに日本のユニークな商材が増えてきた印象がある。

ついで、ベトナムにおける小売業の動向をみていこう。いまや高島屋やイオンモールが進出しているほか、セブン-イレブンやファミリーマート、ミニストップなどのコンビニも多店舗展開しているが、実は依然として小売業は進出のハードルが高く、とくに多店舗展開を実現するのが難しい。

ただ、イオンモールについては見事に成功したといっていいだろう。その仕様は日本と同様、ショッピングだけでなく、フードコートや映画館などを併設し、家族連れで一日中遊べるというもの。当初は物見遊山的に立ち寄る人やたんに涼みに行く人が多かったが、いまやフードコートに長蛇の列ができるまでになっている。2019年12月5日にはベトナム5店舗目となるハドン店がオープンしたが、こちらもすでに大盛況だ。高島屋についてはアパレルなどの売れ行きはいまひとつのようだが、やはり食品を扱うデパ地下やレストランフロアは盛況である。

イオンモールのフードコート

しかし、これほど大規模な複合テナント施設はそう簡単には立ち上げられない。そもそも、ベトナムでは都市部に近ければ近いほどまとまった土地を取得することが困難だし、外資の小売店舗に関しては2店舗目の展開からエコノミック・ニーズ・テスト（ＥＮＴ）という審査をクリアする必要がある。実際、ベトナムに進出している店舗型の外資系小売業はもっと店舗数を拡大したいところだろうが、こうした要因があることから思うように店舗数を増やせずにいるのが実情だ。また、いざ小売店舗を運営するとなると、ベトナムの商習慣にあわせたノウハウも必要になるので、それらを習得したうえで適切に運用し、事業に臨めるかどうかもポイントになるだろう。

では、小規模な小売店舗、たとえばコンビニなどの動向はどうだろうか。ベトナムはかつてＴＴ（トラディショナルトレード：いわゆるパパママショップ）一辺倒という状況だったが、ここ数年で著しくＭＴ（モダントレード：スーパーマーケットやコンビニなど）が増えてきている。もちろん、今も圧倒的にＴＴの比率は大きく、全体の75パーセントを占めているといわれているが、ＭＴが着実に増えているのは間違いなく、今後、そのスピードはさらに加速するとみられている。もちろん、日系企業もこの業態に積極的に参入しようとしており、ホーチミン市の街中のいたるところでセブン-イレブンやファミリーマート、ミニストップといった見慣れたコンビニチェーンを見かけるようになった。だが、家賃の高騰や各店舗の収益化が長期化するといった理由から、まだホーチミンエリアを中心とした南部のみの店舗展開となっている。

そうしたなかで、日系企業が危惧しなければならないのが、ローカル資本によるＭＴの台頭だ。その筆頭としてあげられるのは、やはりビングループである。ビングループの子会社であるビンコムリテールはビンコムセンター、ビンコムプラザ、ビンコムメガモール、ビンマートプラスなどのブランドでホーチミン市やハノイ市を中心に2100店舗以上を展開し、さまざまな規模の店舗で地域に根差した小売ビジネスを展開している。だが、あまりにも拡大を急ぎすぎたためか業績が思うように伸びず、2019年12月には小売事業の縮小を発表。しばらくは停滞するとみられるが、今後ともその動向は注視しておく必要があるだろう。一方、日系企業による新しい動きもある。そのひとつが2020年に無印良品の直営店舗のオープンが予定されていることだ。いまや世界的な知名度を誇るこのブランドがベトナムでどのように受け入れられていくか、その答えはまさにこれからの5年の間に出るだろう。

ところで、ENTについてはTPPの発効から5年で廃止するという約束がなされているが、このままローカル資本のMTが急増していけば、その頃には日系の小売店が入り込む余地がなくなっているかもしれない。そうした動きを見込んで、ローカル資本のMTにはない商品、あるいは付加価値やサービスを提供することが、重要になってくるのではないだろうか。たとえば、ベトナム人は日本人以上に子どもに投資する傾向があり、ローカル資本のスーパーマーケットにも日本製のおむつやミルクなどが並んでいる。あまりにも高価格帯の商品はそう売れないだろうが、富裕層や中間層の拡大にあわせた商品ラインアップや消費財メーカーと連携したＰＢ（プライベートブランド）展開などで差別化をはかることが必要になってくるかもしれない。

クオリティが急上昇中の飲食業界

飲食業に関してはＷＴＯ加盟時から8年経過した２０１５年1月11日以降、外資規制が消滅しており、ローカル企業と同様、衛生認可や店舗認可をクリアすれば出店することができる。そのため、ゼンショーなどの大手資本はもちろん、中小企業や個人事業主なども積極的にベトナム進出に乗り出している。人気のエリアはやはりホーチミン市の中心部かハノイ市の中心部で、とくにホーチミン市の中心部（1区を中心としたエリア）が人気を集めている。実際、街中を歩くと、丸亀正麺や大戸屋、大阪王将、牛角、リンガーハット、一風堂など、日本でお馴染みのチェーン店はもちろん、日本食を扱う飲食店を頻繁に目にする。

大手チェーンのなかで店舗展開に成功している印象があるのはゼンショーの牛丼チェーン「す

き家」だろう。ほかの大手チェーン店に比べて価格を安く抑えることで、ベトナム人にしっかりと受け入れられている。具体的にはベトナム人の多くはランチを5万ドン程度（250円弱）ですませているが、なんとすき家では牛丼が3万9000ドン（195円弱）からとなっているため、ドリンクとサラダがセットの商品でもおよそ8万ドン（400円弱）といったところであり、ベトナム人もちょっと奮発すれば食べられる価格帯となっているのだ。一方、ほかの大手チェーン店のランチは10万ドン（500円弱）といった価格帯で、日常的なランチにしては少々割高感がある。富裕層を狙うには安すぎるし、中間層を狙うには高すぎるという微妙な価格帯かもしれない。実際、大衆向けの店で流行っているところの多くは、ベトナム人経営者が営んでおり、日本料理店であっても価格や味つけがそれなりにローカライズされていることが多い。当然のことながら、ベトナム人たちは日本人経営者の店なのか、ベトナム人経営者の店なのかといったことはほとんど意識しないので、現時点ではベトナム人にウケる日本料理を出すならベトナム人

イオンモールにあるすき家

に価格や味つけをある程度任せたほうがいいのかもしれない。

もちろん、ベトナムにないレベルのクオリティやサービスを提供できれば、圧倒的な勝ち組になることもできる。それを見事に証明してくれたのがＰｉｚｚａ ４Ｐ'ｓ（ピザフォーピース）だ。もともと日本の広告代理店であるサイバーエージェントに勤めていた夫婦が２０１１年にホーチミン市で立ち上げた飲食店で、いまやベトナム国内で13店舗を経営するまでになっており、日本人のみならずベトナム人や外国人旅行者にも人気の店となっている。その特徴は自社生産のチーズと新鮮で安心・安全な野菜をふんだんに使った、オリジナリティあふれるピザを食べられること。しかも、店舗はシックで開放感に富んでおり、オープンキッチンになっているので調理人たちが丁ねいに生地を延ばし、具をのせ、窯で焼き上げる様子を目にしながらピザを味わうことができる。

このピザフォーピースの客単価は外国人向けの高級イタリアンに比べればリーズナブルだが、けっして安いわけではない。ピザは1枚で15～25万ドン（約７５０円～１２５０円）といった感じなので、中間層にとっても割高感のある金額だろう。が、それでもこの店が圧倒的な支持を得ているのは、オンリーワンの価値を提供できているからにほかならない。「ベトナムだからこのくらいのクオリティでいい」という安易な発想ではなく、世界でここにしかないクオリティを求めた成果なのだと思う。

そのほかにも中間層を狙わずに富裕層だけにターゲットを絞るという作戦もある。日本人駐在員やベトナム人の富裕層を狙った日本料理店も増えており、なかには味も接客も店舗の雰囲気も日本の高級店並みというところもある。だが、駐在員の購買力にはかぎりがあるため、今後は拡大するベトナム人富裕層をいかに獲得するかがカギとなるだろう。

ハイレベルな教育サービスがつぎつぎに誕生

ベトナムの教育制度は日本の６：３：３制（小学校が６年、中学校が３年、高校が３年）と異なり、５：４：３制（小学校が５年、中学校が４年、高校が３年）となっている。１９９８年に教育法が制定された当初は小学校の５年間だけが義務教育だったが、２００５年の教育法改正にともない、中学校までの９年間が義務教育となっている。

ベトナム人富裕層や駐在員などの増加にともない、ホーチミン市の２区には学費が高く施設や教員のレベルが充実したインターナショナルスクールなどが増えはじめている。もともと大使館などがある土地柄で、以前から教育機関が多かったが、さらにその数が増えているという印象だ。

また、都市部ではこうした学校教育に加え、塾や習い事などのニーズが多様化しており、その数もつぎつぎと増えてきている。費用はけっして安くはないが、ベトナムは日本以上に家族を大切にする傾向があり、子育てや教育に熱心なのだ。日本からは塾経営を手掛ける早稲田アカデミーなどが進出しており、今は日系企業の駐在員の子どもたちをターゲットにした塾を経営し、日本での受験に向けたカリキュラムを提供している。かつて家族でベトナムに居住している日系企業の駐在員は、子どもの受験が近づいてくると子どもを受験勉強のために日本に帰さねばならなかったが、このように教育インフラが整備されてきたおかげで、家族でベトナムに住みつづけながら子どもの受験対策に備えることもできるようになってきた。これは日系企業のビジネスパーソンにとって間違いなく朗報といえるだろう。

一方、ヤマハの取り組みはベトナム人からも好評だ。ヤマハは2013年に販売子会社としてヤマハミュージックベトナムを設立し、楽器やオーディオ機器の輸入販売をスタート。その後、音楽の教育普及活動に取り組むなどして、少しずつ事業の幅を広げている。まだ音楽教室そのものの開設にはいたっていないが、公立小学校の音楽授業への楽器導入を、教員指導を通じて地道に支援しているという。ベトナムでは子どもにピアノを習わせることを富裕層のステータスと捉える傾向があり、近年はその傾向が中間層にまで拡大してきている。ヤマハの粘り強い取り組みは着実にヤマハファンを増やしているし、時流も確実に音楽教育に向きつつある。世界40以上の国と地域で音楽教室を展開しているヤマハゆえに、ベトナムでもきっと音楽教育というあらたなトレンドを生み出してくれるに違いない。

設備や多言語対応が充実してきた医療業界

現在、ベトナムの平均年齢は31歳と日本の平均年齢（48歳）に比べるとかなり若く、多くのベトナム人はさして健康のことを気にしていないようにみえるし、日本のように予防医療などのサービスもほとんど見当たらない。せいぜい健康食品が徐々に売れるようになってきたというくらいのものだ。また、ひと昔前までは医療機関についても人材や設備のレベルがいまひとつで、がん検診を受けようと思ったり、大病にかかったりすると海外の医療機関に行くのが一般的だった。

だが、すでにベトナムの合計特殊出生率は1・95となっており、もはや人口減少のフェーズに入ってしまっている。都市部で共働き世帯が急増していることからも、この傾向に拍車がかかることは明白であり、遠くない未来に高齢化による医療ニーズの拡大が社会的な課題となるといわれている。

実はこの分野においてもビングループの動きがめざましい。ビングループ傘下のビンメック・インターナショナルホスピタルは、ローカルの富裕層とベトナム在住の駐在員などをターゲットにした医療サービスを展開、現在、ホーチミン市、ダナン市、ハノイ市に合計6つの病院を運営している。なかでもビングループが開発した1万戸の集合住宅であるビンホームズ・セントラルパークの敷地内に立地している病院は、不動産事業を軸にしたビングループならではのビジネスモデルとして話題になっている。

先ほどの学校や塾と同様、駐在員の家族にとってありがたい病院も増えている。ファミリーメディカルプラクティスなどがそうだ。ベトナムで屈指の国際プライマリケア医療機関であり、ホーチミン市、ダナン市、ハノイ市に合計5つのクリニックを開設しており、すべてのクリニックが多言語に対応している。しかもその種類が膨大で、なんと日本語、英語、スペイン語、フランス語、ドイツ語、イタリア語、オランダ語、ヘブライ語、ポーランド語、ロシア語、ベトナム語、韓国語、中国語、フィリピン語、マレーシア語などに対応しており、このほかの言語についても24時間体制で通訳サービスを提供しているという。

こうした動きに、日系の医療機関も食い込みつつある。そのひとつが日本の国際医療福祉大学グループが国立チョーライ病院と共同運営するドック健診センターだ。チョーライ病院は保健省直轄のベトナム3大総合病院のひとつで、ベトナム南部で最大の医療機関である。国際医療福祉大学はアジアにおける国際医療協力の最重点国としてベトナムを位置づけ、20年以上にわたりこのチョーライ病院と医療人材の交流などを進め、2018年9月にチョーライ病院との共同事業としてドック検診センターを開設したという。そして、現在は日本人医師の指導のもと、経験豊かな専門スタッフが最新の医療機器を使って、質の高い健康チェックを行っているそうだ。駐在員にとってもありがたいサービスだが、今後、高齢化が進むベトナムにも大いに貢献しそうな施設である。すでに超高齢化社会となっている日本の医療や福祉・介護の技術とノウハウは、これから高齢化社会となるベトナムにとっても重要な役割を担っていくはず。そして、その裾野は広く、医療機関や福祉・介護施設のみならず、予防医療や健康食品といった分野にも可能性をもたらしてくれるだろう。

ここまでにあげてきた以外にも、特筆すべき業界はいくつもある。そこで、次章以降では製造業、観光・宿泊業、不動産業、そして少々毛色は異なるが、それらのビジネスの基盤となる合弁事業の特性について詳細に紹介しつつ、インタビューを通して実際にベトナムで活躍する日系企業の取り組みにスポットを当てていきたい。

コラム 1

ベトナムにおける5Gの導入

ベトナムは２００９年に３Gを導入し、その後、２０１７年に４Gを導入した。先進国と比べて数年遅い導入だったが、５G（第５世代移動通信システム）については世界的にみても先行者として２０２０年から導入する予定だ。

そもそも、ベトナムにおける携帯電話の保有率はきわめて高い。２０１９年８月末付の情報通信省の発表によると、ベトナム全土では約１億３２００万台もの携帯電話のユーザーが登録されており、そのうち、３Gと４Gのユーザー数は約６１００万人に上るという。約９５５０万人という人口に対してこれだけのユーザーがいるのは驚異的だし、３Gや４Gのユーザー数が多いことからもスマートフォンの保有率も高いことがわかる。

すでに大手通信会社Ｖｉｅｔｔｅｌ（ベトテル）とＭｏｂｉＦｏｎｅ（モビフォン）は5Gの通話テストに関して情報通信省の許可を取得しており、ベトテルは２０１９年5月にハノイ市で、同年９月にホーチミン市で通話テストに成功した。モビフォンは２０１９年10月以降にハノイ市、ホーチミン市、ダナン市とハイフォン市の4大都市でテスト配信を行う予定だという。さらに大手通信会社VNPTも遅ればせながらハノイ市とホーチミン市で通話テストの許可を取得し、通話テストを行うと発表した。

ちなみに、ベトテルが選んだ技術パートナーは欧米系のＥｒｉｃｓｓｏｎｓ（エリクソン）とＮｏｋｉａ（ノキア）だ。中国大手通信機器Ｈｕａｗｅｉ（ファーウェイ）を選択しなかったのは、ほかのＡＳＥＡＮ諸国（マレーシア、フィリッピン、タイ）とは異なる判断だ。

この調子で通話テストが終われば、２０２０年から各社が5Gを商品化していく。この計画が順調に進めば、ベトナムはＡＳＥＡＮのなかでもっともはやく5Ｇを導入する国となり、またアジアのなかでも日本、韓国、中国について5Gを商品化する国となる。なお、情報通信省はベトテルに対し、２０２０年にベトナムで開催されるハノイF1の会場エリアに5Ｇの導入を検討するように指導したという。こうしたことからも、ベトナム政府が5Ｇに注力していること、5Ｇを国策として推し進めようとしていることがうかがえる。

だが、まだまだ課題もある。２０１7年に4Ｇが導入されてから3年が経過したが、4Ｇの通信速度がまだ遅いという声も多いのだ。そのもっとも大きな原因は周波数帯の制限だといわれており、周波数帯の拡張が検討されているが、その調整にはまだ時間がかかりそうである。こういったインフラの問題もまた5Gの普及に大きな影響を与えることになるだろう。

2020年に5Gが予定どおりに商品化されるとしても、普及まではしばらく時間がかかりそうだが、通信インフラをいちはやく整備し、IoTを活用して先進国との距離を縮めようとする政府の意気込みは感じられる。

コラム 2 外資系企業の現地法人商社設立

経済が伸びつづけているベトナムでは、商社を設立し輸入販売を行ったり、ベトナムの商品を調達して海外に輸出したりする日系企業が目立つ。WTO加盟にともない、ベトナムは2009年に外資系の商社現地法人の設立を認可。それ以来、多くの企業が現地法人商社として進出しており、今もその勢いは衰えていない。そこで、ここでは商社設立の関連法令と実務について説明したいと思う。

2009年から2017年までは、法令上は取り扱い品目を限定する規定はなかったものの、実務上は取り扱い品目のHSコードを記載する仕組みとなっていたので、実際には活動範囲が限定されることになっていた。そのため、HSコードの申請時に想定もしなかった商品を取り扱えない、または多数のHSコードを登記したくてもすべてを登記することができないなど、運営上の自由度が限定されていた。

しかし、2018年からは法改正があり、一部の商社活動についてはこの限定がなくなった。具体的には①輸入②輸出③卸売に関しては、ベトナム法令で禁止される商品以外はすべて取り扱えることになり、実務上の許認可にはHSコードの記載も不要になったので、この3つの活動はほぼ何でもOKとなった。一方、④小売(買い手が個人か法人かに関係なく、転売されなければ小売とみなされる)に関しては、まだ一般企業の許認可以外には個別ライセンスが必要で、取り扱い品目の登記も残っているが、個々のHSコードではなくなり、商品類(たとえば「電子部品」「食品」など)を記載すればよい、といった具合に規定がやや緩くなっている。

なお、小売店舗の設立(とくに多店舗展開)はいまだに簡単ではないが、手続きはより明確になっているので、今後は小売業の進出も期待できるだろう。

高層マンションが立ち並ぶホーチミン市

ベトナム最高層のランドマーク81

今も昔も変わらない下町のにぎわい

ホーチミン人民委員会庁舎

第3章

製造業は輸出加工から内需向けの販売へ

増加する中堅・中小企業の進出

2010年代はチャイナプラスワンの流れが加速し、ベトナムは中国につぐ製造拠点のひとつとして大いに注目された。そして、ワーカーの勤勉さや中国に比べると安価な労働力などを強みとして、日系の大手企業の誘致に成功、ホーチミンエリアやハノイエリアにはつぎつぎと工業団地ができ、日系大手の製造工場が続々と進出した。

その後、第3次投資ブームの影響で現在は中小企業の進出が相つぐようになったが、中堅・中小企業は初期投資を抑えるため、小規模なレンタル工場などを足掛かりに進出しようとする傾向にある。だが、小規模な工場だとフル稼働したとしても黒字化できないようなケースも多くあるため、事前にしっかりと事業計画を練っておく必要がある。

では、小規模な工場だとなぜ黒字化できないのか。その理由のひとつには、社長や工場長として働く駐在員のコストが、高額な個人所得税などの影響で非常に高いことがあげられる。結果、いくらベトナム人のワーカーの労働力を安価に抑えることができても、小規模な工場だと製造能力が低く、駐在員のコストやレンタル工場の賃料を吸収しきれずに赤字を出してしまうことになる。つまり、ベトナムに進出するからには、中堅・中小企業であってもある程度の規模の工場をつくる覚悟が必要だし、労働力に関してもできるだけはやく現地化していかなければならないのだ。駐在員のコストに関しては本章の終わりのコラムで詳述しているので、そちらを一読して参考にもらいたいと思う。

製造業の立地トレンド

自前である程度の規模の工場を立ち上げようとすると、ベトナムでそれなりの土地を確保できるかどうかがカギとなる。ところが、近年はこの用地確保が難しい。たとえば、従来はホーチミン市やハノイ市、あるいはその近郊の工業団地に進出するというのが定番だったが、10年ほど前からホーチミンエリアやハノイエリアの工業団地は飽和状態となっており、そのあたりには工場を建てたくても建てられない状態にあるのだ。また、ホーチミンエリアには日系の大手商社である双日が開発したロテコ工業団地とロンドゥック工業団地などがあるが、いずれもほぼ完売しているし、拡張の予定も今のところなさそうだ。そこで、最近の工場はホーチミン市やハノイ市から車で2時間程度はなれたエリアに集中しはじめている。

もう少し細かくみると、ハノイ市があるハナム省は外資の獲得に注力しており、ホーチミンエリアに比べると土地が残っていることから、この数年では大型の工場は北部に進出することが多い。また、ハノイ市に近いフンイエン省の動きにも注視したい。たとえば、同地において住友商事はフンイエン省との間で、同社が現地で運営する第2タンロン工業団地（ＴＬＩＰⅡ）の第3期拡張開発について合意。２０２１年に着工し、２０２２年から販売する予定で、総事業費は約１４０億円超に上るという。合計の開発面積（第1期、第2期も含む）は約５２６ヘクタールとベトナムで最大規模の工業団地となるし、ハノイ市から東に約30キロメートル、車で約60分という立地も魅力的なので、おそらく進出企業が殺到すると思われる。

ハノイ市周辺では車で2時間ほどの距離にあるハイフォン市も要注目の工業都市だ。人口も約２００万人と多く、野村不動産が手掛けた野村ハイフォン工業団地（ＮＨＩＺ）やＶＳＩＰハイフォン工業団地などがある。ちなみに、ＶＳＩＰとはベトナム・シンガポール工業団地開発会社の略称で、１９９６年に設立したシンガポールとベトナムの国営企業同士による合弁会社である。現在では南部のビンズン省、北部のバクニン省とハイフォン市、中部のクワンガイ省などに合計約６０００㌶もの開発用地を有している。

ホーチミン市から車で１時間以上のエリアで考えると、工業都市のビエンホア市（ドンナイ省）や港湾都市のブンタウ市（バリアブンタウ省）などが有力だが、このあたりもかなり飽和状態になっている。というわけで、これからの狙い目はビンロン市（ビンロン省）あたりではないかと思う。ホーチミン市から車で３時間ほどかかるものの、土地も比較的安価だし、労働力も集めやすい環境にあるので、これからますます注目されるようになるだろう。

ベトナム国内での販売に注力

製造業がベトナムに進出する場合、従来は主に輸出加工を手掛けるのが主流だった。ところが、近年はベトナムの経済成長にともない、ベトナムの中間層をターゲットに国内販売も手掛けるケースが増えてきている。本章のインタビューで紹介するエースコックベトナムはまさにその筆頭といえる。同社のヒット商品である「ＨａｏＨａｏ（ハオハオ）」はいまやベトナムを代表する食品ブランドであり、国民食となっている。ベトナム国内の即席麺の年間消費量は50億食以上とされているが、ハオハオはそのうち17億食とダントツのシェアを誇っている。しかも、同社はベトナムを製造拠点とし、欧州をはじめとした世界40カ国への輸出も手掛けるなど、ベトナム内外に多大なインパクトを与えている。

コンビニに並ぶハオハオ

また、サッポロビールは２０１１年にホーチミン市の近郊のロンアン省に工場を竣工し、ベトナムで地道に販路開拓に挑みつづけている。が、ベトナムではすでに地元産の３３３（バーバーバー）やサイゴンビールといったローカルブランドが圧倒的なシェアを占めているし、最近はクラフトビールが急激に台頭してきているため、シェアの拡大は容易ではない。飲食店や小売店向けの営業だけでなく、これからは急拡大するローカル資本のＭＴ（モダントレード：スーパーマーケットやコンビニなど）

をターゲットにした展開も重要になってくるだろう。

もうひとつ食品製造業で注目しておきたいのが亀田製菓だ。同社は1996年に一度、ベトナムに進出しているが、当時は安定した品質の製造や販売網の構築に苦戦して撤退を余儀なくされたという。ところが、2013年にベトナムの米菓トップ企業であるティエン・ハ・コーポレーションと合弁会社を立ち上げて再進出。亀田製菓の商品をベースに現地化を施した商品を、ティエン・ハ・コーポレーションの流通ネットワークに乗せて販売したところ順調に売り上げが推移しているという。とくにベトナムでまだめずらしい揚げせんべいの「イチ」は、ハチミツを多めに入れたことなどで大ヒット。いまやスーパーマーケットなどに大量に流通しており、ベトナム人にとってお馴染みの商品となっている。

その一方で従来は輸出加工が主だったが、ここにきてベトナム国内での販売にも注力していこうとする動きもみられる。たとえば、ユニクロを手掛けるファーストリテイリングは長年にわたってベトナムで生産を行い、世界各地に商品を送り込んできたが、いよいよベトナム国内でも本格的に商品を販売することに。2019年12月6日にはホーチミン市に1号店をオープンし、大盛況となっている。

だが、ベトナム国内での販売には多くの困難がつきまとう。事実、多くのメーカーはベトナムにおける流通攻略の難しさに直面したり、ローカルメーカーと価格が大きく乖離してしまったりして売り上げが低迷してしまっている。

なかでも日系の消費財メーカーがもっとも苦戦しているのはベトナムにおける販路の開拓だ。2章でも紹介したようにベトナム市場は依然としてTT（トラディショナルトレード：いわゆるパパママショップ）が圧倒的なシェアを占めているため、営業や販路の開拓にどうしても時間がかかってしまうのだ。そこで、最近は販売力を持っているローカル企業を買収したり、そういった会社と合弁会社を立ち上げたりするケースが増えてきている。アース製薬や日本製紙などはまさに前者の好事例だし、亀田製菓などは後者にあたる。

とくにこの5年で考えると、急速にM＆Aの数が増えている。近年進出が目立つ中堅・中小企業は大手企業に比べて人材や海外進出ノウハウが乏しいことが多いので、一からすべてを立ち上げるというわけにもいかず、M＆Aを選択することが増えているのだ。また、5年前、10年前は「ベトナムには買収したくなるような優良企業がない」という見方が強かったが、いまや企業の成長性や製品・サービスのクオリティも非常に上がっており、販路を開拓したりローカライズしたりするうえでも重要な存在になってきているので、ローカル企業をM＆Aしようというニーズがますます高まってきているのだ。なお、合弁会社とM＆Aについてはそのほかにも細かいポイントや注意点があるので、6章にて詳述したい。

もうひとつの課題である価格面についていえば、韓国やタイの企業の商品が日系企業とローカル企業の間くらいの価格帯で人気を集めているので、あらためてそのあたりの価格帯を狙ってみるのも一案だ。ただし、最初から完全に内需だけを狙って進出すると大きな失敗をする可能性が高いので要注意である。やはり、進出初期は輸出加工の拠点として日本向けやほかの海外向けの商品を製造できるような設備を整え、しばらくはいかに工場の稼働率を上げていくかということにウエイトを置くべきだと思う。最初は輸出加工を軸にし、売り上げが安定したら国内の販路開拓にチャレンジしていくという流れが、これからの製造業の主流になっていくのではないだろうか。

また、工業分野に関してはビングループが自動車製造事業や航空事業に乗り出したことも大きく影響してくるだろう。サプライチェーンの面でベトナム国内からの部品調達ニーズが高まるはずなので、うまくそのあたりに食い込むことができれば、ベトナムの産業発展に寄与しながらビジネスを伸ばすことができるかもしれない。

日本の技術を生かしながら徹底したローカライズを実現目指すはエースコックベトナム式の経営

ゲスト

エースコックベトナム 社長

梶原潤一（かじわら・じゅんいち）

インタビュアー

I-GLOCAL（アイ・グローカル）
代表取締役

實原享之（じつはら・たかゆき）

国内市場の縮小を見据えて海外進出

實原　**アイ・グローカル代表取締役**　エースコックがベトナムに進出したのは、1993年ことのことですが、その背景にはどういった社会や業界の動きがあったのでしょうか。

梶原　**エースコックベトナム社長**　私はエースコックに入社して以来、40数年にわたってこの業界で働いてきました。私が入社した1970年代半ばは高度経済成長期で、カップ麺という新しい食品が誕生して2年ほど経った頃でした。とにかくいろんなメーカーがカップ麺市場に参入し、つくればつくるだけ売れるような時代でした。ところが、1980年代後半にカップ麺の伸びが止まり、日本で初めて袋麺を含む即席麺の需要が前年を下回ってしまったのです。ちょうどその頃から日本では「シュリンク（縮小）」という言葉が頻繁に使われるようになりました。人口が減り、景気が後退するなかで、食品だけでなくいろんなものが売れにくくなっていったのです。

ただ、そうしたなかにあっても商品力が売り上げを伸ばすきっかけになったことはありました。たとえば、当社の場合は1988年に「スーパーカップ」を売り出したことで、日本のカップ麺全体が盛り上がり、ふたたび2ケタ成長になりました。当時の袋麺の麺の

梶原潤一（かじわら・じゅんいち）
エースコックベトナム 社長

量はおよそ90グラム程度でしたが、カップ麺は60～65グラムとこれよりも少なく業界内ではスナック麺と呼ばれていました。しかし、これでは食事としての満足感が足りないのではないかということで、内容量を袋麺と同等の90グラム程度に増やし、カップもスープも大きくして売り出したのです。結果、スーパーカップはおやつから主食という扱いに格上げされ、ロングセラーの大ヒット商品になりましたし、他社もこの動きに追随し、大盛りサイズのカップ麺をつぎつぎと世に送り出していきました。

ですが、長期的な視点でみると、人口減少による市場のシュリンクばかりはどうにもなりません。そこで、社内においてもスーパーカップなどの新商品の開発と同時に、日本だけでなく海

實原享之（じつはら・たかゆき）
アイ・グローカル 代表取締役

外にも目を向けるべきだという機運が盛り上がっていました。それは同業他社に関しても同じで、やはり同時期に海外進出を検討しているところが多かったように思います。

エースコックの場合は、最終的に総合商社の丸紅にお声がけいただいたご縁で、１９９３年にベトナム進出をはたしました。ベトナムに関しては丸紅とともに進出し、当時、ベトナムの即席麺業界でナンバーワンのシェアを持っていた国営食品企業のビフォンとともに合弁会社（現在のエースコックベトナム）を立ち上げました（当時はエースコックと丸紅が合計60パーセント、ビフォンが40パーセント出資）。

ビフォンとの関係は良好で、とくに同社の社長はエースコックに絶大な信頼を寄せてくれていました。実際、私が1993年にベトナムを訪問した際、ビフォンの社長は「ベトナム製の即席麺には伸びしろがないが、エースコックなら伸びるはずだ」と話してくれました。ビフォンは当時からエースコックの即席麺が安全・安心で品質も高いというところを評価してくれていたのです。当時のベトナムではまだまだ安かろう悪かろうの即席麺が多かったので、私たちの商品力や技術に期待を寄せてくれていたのでしょう。

實原 ひと口に海外進出といっても、いくつかの選択肢があったかと思います。最終的にベトナムにした決め手はどういったところにあったのでしょうか。

梶原 ベトナムにはいろんな国を視察した帰りに立ち寄ったという感じだったのですが、私たちはそのときに貧しいけれど若さと活力に満ちたベトナムの姿を目の当たりにし、可能性を感じたのです。そして、それからしばらくして丸紅がビフォンとの提携話を持ち込んでくれたので、何か運命的なものを感じ、思い切って進出することにしました。

實原 合弁にあたって商社と組むことにはどのようなメリットがありますか。

梶原 総合商社の丸紅は素晴らしいパートナーです。こちらで不足している情報や知識を的確に提供してくれました。とくに物流やシステムについては当社が苦手とするところだったので非常に助かりましたね。また、新規の原料を探したり、サプライヤーを探したりする際も、丸紅のネットワークには大いに助けられました。

徹底したローカライズが生み出したヒット商品

實原 その後、エースコックベトナムは1995年からベトナムで即席麺の生産をはじめていますが、ベトナムではどのような商品づくりを目指したのでしょうか。

梶原 もともとビフォンをはじめ、ベトナムの同業他社は中古の設備で、とくに確立したノウハウもないまま、海外メーカーの見よう見まねで商品をつくっていました。そのため、麺の食感はいまひとつでしたし、ともすればスープやかやくのなかに異物が混入していることもしばしばありました。ビフォンもそのあたりに問題があると感じていたので、基本的には私たちに製造のすべてを任せてくれました。実際、土地はビフォンに用意してもらいましたが、工場設計や製造設備の導入、商品開発、そして工場のマネジメントに関してはすべてエースコックが行いました。

實原 品質というところでは、衛生環境以外にどのような点で差別化をはかることができたのでしょうか。

梶原 袋麺というのは鍋で湯がくことを前提につくられているのですが、カップ麺はお湯を入れて3分後にほぐせばおいしく食べられます。これは製麺設備の違いによるものなのですが、ベトナムでは袋麺を鍋で湯がくという食文化がなく、どの家庭でもどんぶりに麺を入れてそのままお湯をかけ、しばらくしてからほぐして食べます。しかも、それらの商品は袋麺の設備でつくったものなので、ほとんどの消費者は麺の硬さにムラがある状態で食べていたのです。そこで、当社は袋麺の製造ラインにカップ麺用の設備を導入し、どんぶりで戻してもおいしく食べられる商品に仕上げたのです。

實原 素晴らしい差別化ですね。しかし、ベトナムで一から商品づくりをするには多くの困難があったかと思います。

梶原 そうですね。そもそも当時のベトナムには優良なサプライヤーがほとんどおらず、当社が納得できるレベルの原料（小麦粉や油、かやくの材料など）を国内で調達することができませんでした。そこで、最初のうちは原料についても海外からの輸入に頼らざるをえず、どうしても原価が高くなり、商品の販売価格も一般的な袋麺が700～1200ドン（当時）だったのに対し、2000ドン（当時）と割高でした。その結果、一般の人からすると「エースコックの袋麺はおいしいし、品質はいいが、とても高い」という印象になってしまいましたし、同じくらいの価格で店でフォーが食べられるということもあり、なかなか売り上げが伸びませんでした。

ですが、実をいうとこうした流れは進出時のマーケティングプランにも織り込みずみでした。最初のうちは商品が割高になるから大規模な生産販売は期待できないが、5年かけてベトナム国内のサプライヤーを技術指導し、原料調達費を抑え、価格の見直しをはかろうと考えていたのです。実際にそれからは当社の日本のサプライヤーにも協力してもらい、着実にベトナム国内のサプライヤーのレベルアップに努め、原料の調達先を国内に切り替えていきました。そして、5年の歳月を経て、満を持して販売しはじめたのが、いまや当社の看板商品となっている「Ｈａｏ Ｈａｏ（ハオハオ）」なのです。

實原 ベトナム進出時からそういった戦略があったとは驚きです。ハオハオの当初の売れ行きはどうだったのでしょうか。

カップ麺のハオハオも人気

梶原　出足から好調でした。エースコックの商品は高いけれど品質は良いということが認知されていたこともあり、品質を維持しながら1000ドン（当時）という価格帯で販売することができたハオハオにははやい段階から多くのファンがついてくれました。また、「ハオハオ」（「好き好き」という意味）という親しみやすいネーミングやベトナム人の嗜好にあわせた味も人気の原動力になりました。ちなみに、ハオハオは2000年から2018年までの18年間にベトナム国内で200億食も消費され、2018年にはベトナム版ギネスブックとして知られる『ベトナム・ブック・オブ・レコード』に登録されています。

振り返ってみると、このマーケティングプランに一番賛同してくれていたのはビフォンの社長でした。「ベトナムにはない価値を提供すれば、絶対に売れるはずだ」といってくれていましたから。おかげで、私たちは白紙に絵を描くように、ノビノビとベトナムビジネスに取り組むことができたのです。それに対して、同時期に進出していた中国では提携相手の国営企業が何も任せてくれず、数年で撤退を余儀なくされてしまいました。やはり合弁会社を立ち上げる際には相手とどのような信頼関係を構築できるかが重要になってくると思います。

實原　エースコックベトナムは2004年にビフォンの持ち株をすべて買い取っていますが、

そこにはどのような背景があったのでしょうか。

梶原 その時期はちょうどベトナム政府が国営企業の民営化を進めていた時期で、私の耳にもビフォンが民営化される可能性があるという話が入ってきました。そこで、民営化によってビフォンがよくわからない企業や経営者に買い取られてしまうのであれば、リスクヘッジのためにも先んじてビフォンの持ち分をすべて買い取ろうということになったのです。

實原 ハオハオのヒットの要因にはベトナム人の嗜好にあわせた味があると思いますが、それはどのようにしてつくりだしたのですか。

梶原 当時、ベトナムの即席麺で多かったのは鶏、豚、牛それぞれのダシをベースにしたものでした。そこで、ハオハオの開発にあたってはそのあたりと一線を画し、少し辛くて酸味のあるベトナムならではの鍋の味をイメージすることにしたのです。しかし、日本人にはそういったローカルの味はわかりません。そこで、製麺や食品製造の技術やノウハウは日本から導入するけれど、味づくりに関してはローカルスタッフに任せることにしたのです。しかも、ありがたいことにビフォンの社長が同社ナンバーワンのスープづくりのスタッフをエースコックベトナムに出してくれたので、さっそくそのスタッフに何人もの部下をつけて、スープの開発を進めてもらいました。そして、スープの味が固まった時点で日本の技術を活用し、スープの粉末化や液体化に取り組んでいきました。こうして誕生したハオハオは、まさにベトナムと日本のコラボによって誕生した商品なのです。

ベトナムを生産拠点とハブにした海外展開

實原 エースコックベトナムではベトナム国内だけでなく、東南アジア諸国やアメリカ、オーストラリア、ヨーロッパ、アフリカなど、世界40カ国に即席麺を輸出していますね。こうした海外向けの生産と輸出はいつ頃からはじめたのですか。

梶原 1990年代後半から手掛けていましたが、当時はベトナムの味を届けるというのが主流でした。ベトナム人は世界中いたるところで暮らしているので、彼らにベトナムの味を届ければシンプルに売れるだろうと考えたのです。ただ、ハオハオの成功以来、ローカライズして地域に根差すことの重要性と可能性を感じ、ベトナムの味だけでなく、各地にローカライズした商品を開発し、送り出すように心がけています。

實原 エースコックベトナムが海外展開における生産拠点とハブのような役割を担っているのですね。

梶原 まさにそのとおりです。そして、これからますます生産拠点とハブとしての役割は大きくなってくるはずです。現にベトナム以外の海外の即席麺の売り上げは着実に伸びており、あらたな市場がつぎつぎと開拓されています。たとえば、これまで海外輸出でよく売れているのはカンボジアやラオスといった近隣諸国でしたが、最近はチェコやドイツなどの売り上げも順調に伸びてきています。また、今後の可能性が高いとにらんでいるのがアフリカです。アフリカに関してはインドネシアのメーカーなどが積極的に即席麺の輸出に乗り出していますが、まだまだ伸びしろがあると思うので、当社も今後、さらに力を入れていきたいと考えています。

地道な継続で培った流通ネットワーク

實原 エースコックベトナムは現在、ベトナム国内にどれくらいの拠点を持っているのですか。

梶原 現在は南部のホーチミン市に2工場、ビンズン省に2工場、北部のフンイエン省に2工場とバクニン省に2工場、中部のダナン市に1工場、メコンデルタ地域のビンロン省に2工場を有しています。ローカルスタッフの数は5500人ほどで、外部の専属営業マンを加えると7000人くらいになります。いまやハオハオはベトナム人ならば誰もが知っているほどの存在なので、ベトナムの皆さんの食と健康を守るという気持ちを社員全員で共有できるように努めています。

實原 今でこそ全国各地に工場を持っていますが、以前はホーチミン市にしか工場がなかったわけですから、商品を運ぶだけでも莫大なコストがかかりそうですね。

梶原 即席麺は単価が安いのにかさばるため、余計な物流費をかけていては商売になりません。昔はご指摘のとおりホーチミン市にしか製造拠点がなく、ハノイ市にまで運んでいたわけですが、どうしても物流費がかさんでしまうため、同じ商品でもハノイ市での販売分は価格を高く設定していました。そして、それは当社だけの話ではなく、ほとんどメーカーがそうだったのです。商品価格を統一できるようになったのは、2001年にハノイ市の近郊に工場を立ち上げてからのことです。

實原 今も多くの製造業がベトナムにおける販路の開拓や物流に苦労していますが、そのあたりの問題はどのようにして乗り越えていったのですか。

梶原 まずはブランディングに注力しました。実際にベトナムに来て気づいたことですが、ベトナムの商品名は「ビフォンの鶏味ラーメン」といったネーミングばかりで、ブランド名がないわけです。ですから、エースコックという社名はもちろん、ハオハオという商品名を前面に押し出すことで、卸や小売にほかの商品とは違うということを印象づけていきました。

それから、当時のメーカーの多くはつくれば売れるという感覚を持っていて、みずから商品を売り込んだり、営業したりといったことをほとんどしていませんでした。大企業の多くが国営企業だったため、無理もないことでしたが、そこに当社としては商機を見出し、専属の営業マンをあらたに採用して教育し、卸や小売へのルートセールスをスタートさせたのです。また、ベトナムのほとんどのメーカーは工場まで商品を取りに来てもらうというやり方をとっていましたが、私たちは卸や小売にしっかりと配達していきました。このときからコツコツと積み上げてきたネットワークが、現在の流通の基盤となっているのです。

實原　近年は小売のシェアが急激にTT(トラディショナルトレード：いわゆるパパママショップ)からMT(モダントレード：スーパーマーケットやコンビニなど)にシフトしてきているように思いますが、その変化についてはどのようにみていますか。

梶原　おっしゃるとおり、とくにこの数年は大きく変化していますね。日本でもそうでしたが、やはりこれからはTTの比率が下がっていくのではないでしょうか。そうなってくると、メーカーからすると販路を開拓しやすくなるように思います。今までは当社のようにローラー営業で地道かつ広範囲な営業を展開しなければなりませんでしたが、これからはＭＴの本部と交渉することで、一気に販路を拡大することができるようになります。しかも、イオンモールやロッテマートといった大規模な店舗だけでなく、スーパーマーケットを展開するローカルＭＴも増えてきているので、そういったところに食い込んでいくのもいいでしょう。たとえば、ビングループのビンマートはもちろん、最近では携帯電話販売最大手のテーゾイジードンが展開しているバック・ホア・サインという小型スーパーもすさまじい勢いで出店しています。ローカル企業なので、最初の交渉には苦労するかもしれませんが、差別化をはかることができる商品であれば全店展開とはいかずとも、ある程度、流通に乗せてもらえる可能性はあるはずです。

選択と集中、そして改善が成長の秘訣

實原　御社はベトナムの即席麺業界において圧倒的なリーダーシップカンパニーでありながらも、毎年確実に成長を遂げています。その秘訣はどういったところにあるのでしょうか。

梶原 当然ながら厳しい時期もありましたが、選択と集中を決断できたのがひとつの転機になったと思っています。実際、私は２０１０年の春からエースコックベトナムの社長になりましたが、当時は即席麺の商品数が４００以上もあり、生産効率や営業効率が落ちていました。そこで、ＡＢＣ分析を通して商品数を２００以下にしました。それと同時に東日本大震災の教訓から、リスクヘッジのためにサプライヤーとの契約の見直しにも踏み切りました。従来は原料ごとにひとつのサプライヤーとだけ取引していましたが、２０１４年からは現状から発注数は減らさないという条件のもと、複数社との取引に切り替えさせてもらいました。

また当時、当社は即席麺の製造だけでなく、レトルト食品や粉末スープの製造、食用油の販売など幅広い事業を展開していたので、それらの事業をやめ、本業である即席麺の製造に集中することにしました。２０１７年頃からようやく新しい事業を展開できる

エースコックベトナムの広々としたエントランス

だけの体力がついてきたと考えており、2018年からリンガーハットと一緒に外食産業にチャレンジしています。

實原 近年は商品に関してさらに質を重視されているそうですね。

梶原 日本と同様、徐々にベトナムでも健康志向が強まってきていますし、袋麺ではなく、カップ麺の需要が伸びつつあります。そこで、当社は2012年にノンフライ麺を発売したほか、2016年にはカップ麺の「Handy Hao Hao（ハンディハオハオ）」なども発売しています。まだまだ袋麺の需要はありますが、中間層の拡大によって消費市場はかなり大きく変わりつつあります。時流を読みながら商品のラインアップにはつねに気を配っていきたいと思います。

實原 2010年頃からは物流に関する改善にも力を注がれているそうですが、そのあたりについてご紹介ください。

梶原 ベトナムでの物流は効率が悪かったし、混沌としていたので、物流改革に取り組みました。そして、丸紅から物流のスペシャリストに出向してもらったり、富士通に協力してもらったりしながら、工場と小売店、さらには工場とサプライヤーをネットワークで一括管理するシステムを構築しました。まだまだブラッシュアップしていく予定ですが、近いうちにエースコックベトナムの物流を担うだけでなく、ベトナムの物流業界に大きく寄与できるシステムに仕上げ、サービスとして売り出していきたいと考えています。

エースコックベトナム式の文化をつくる

實原 日本での経営とベトナムでの経営について、どのようなところに違いを感じますか。

梶原 ベトナムが特殊と考えるよりも、日本が特殊だと思ったほうがいいですね。ベトナムでは社員が辞めるのは当たり前ですし、入社時にはそのつど、職務分掌をつくって労働契約を結びます。日本だと契約以外の業務でも手伝うのが当たり前という〝空気〟がありますが、ベトナムにはそのようなものはありませんし、契約以外の業務は手伝いません。でも、これは欧米でも当たり前のことなので、これからグローバル展開を進めていくのであれば、むしろ日本の感覚に違和感を持ったほうがいいでしょう。しかも、今後は徐々に日本とベトナムの経済格差がなくなっていきます。上から目線で自分たちのやり方を一方的に押し付けるのではなく、これからは対等の立場でおたがいをリスペクトしていかなければなりません。そして、そのうえで私たちは日本式でも、ベトナム式でもない、エースコックベトナム式の経営をつくりあげていきたいと考えています。

實原　２０１８年にホーチミン市のタンビン工業団地内に地下１階・地上６階建ての素晴らしい本社ビルを竣工されましたね。ベトナムに進出した日系のメーカーが、工場以外でこうした社屋をつくるケースはきわめてめずらしいと思います。

梶原　ベトナムにおいても２０１１年から２０１４年にかけて即席麺の需要が下がった時期がありました。その原因は同業他社が流した健康被害に関する根も葉もないデマだったのですが、それゆえに即席麺業界全体の売り上げが落ちてしまったのです。日本の場合は業界団体などがＰＲや啓発活動などで業界全体を盛り上げていきますが、残念ながら今のベトナムにはそういう組織がなく、ともすれば先ほどのデマのように足の引っ張り合いがはじまってしまいます。そこで、即席麺やエースコックベトナムの情報を正しく発信できる場として、今まで以上に情報発信機能を充実させた現在の本社兼工場を新設することにした

エースコックベトナムの社屋

のです。おかげさまで、スタッフの家族はもちろん、学生や主婦、医師や栄養士など、年間1万人以上の方々が本社ならびに工場の見学に来てくださっています。

實原 これから5年、10年後のベトナムにはどのような変化、あるいは商機があるとみていますか。

梶原 少し先の話になるかもしれませんが、規制緩和ではなく、規制強化による商機が見出せるかもしれません。たとえば、今のベトナムでは屋台や路上店舗が当たり前のように営業できていますが、今後は衛生面などの観点からそういった店舗の許認可が厳しくなっていくと思われます。リンガーハットと展開している飲食店経営なども安全・安心、高品質といった強みをさらに生かせるようになるでしょう。もちろん、食品に関しても安全・安心や健康へのニーズが高まってくると、ますます当社の商品は強みを発揮できるようになるはずです。

實原 今後の目標についてお聞かせください。

梶原 当社の本業である即席麺の製造販売を引きつづき伸ばしていきたいと思います。また、長期的な成長のためにベトナムからの輸出をさらに拡大していくのはもちろん、外食をはじめとしたあらたな事業の柱をつくっていきたいですね。ベトナムは可能性に満ちた素晴らしい国です。これからもベトナムで暮らす人々の幸せや健康に貢献するために、エースコックベトナム式の経営を模索しつづけていきます。

コラム

1

将来的に日系企業が抱える「社員のリストラ」という労務問題

今はベトナム経済が右肩上がりのため大きな問題にはなっていないが、今後、大きな問題になってくるであろうと確信していることがある。それは社員、とくに中間層以上のリストラだ。ベトナム労働法では、2回まで有期の労働契約が認められているが、3回目は無期限労働契約が義務づけられている。しかも、いったん無期限契約を結んでしまうと、社員の不正などを立証できる場合や、会社自体の清算や大規模縮小以外の理由では、一方的に解雇や減給をすることはできない。ベトナムで仕事をしていてこの国が社会主義国であると感じることはほとんどないが、こと労働法に関しては、社会主義ならではのものとなっており、労働者側の権利が圧倒的に守られているのだ。

そのような労働法ではあるが、現状では社員のリストラで大きな問題に発展するケースはそれほど多くはない。今のベトナムでは給与が上がりつづけていくことは当たり前であり転職先も豊富なので、給与が上がらないとわかれば、転職すればいいだけだからだ。私もクライアントから社員のリストラについて相談を受けることは多々あるが、いつも正直に評価を伝えることを推奨しており、その後、トラブルになるケースは思いのほか少ない。ベトナム人のこういう合理的なところは素晴らしいと思う。

しかし、これが将来的には大きな問題になる可能性もある。そのポイントをつぎにいくつかあげておきたい。

① ベトナム経済成長がいつか停滞の時期を迎えたときに、高給ベトナム人材が会社にしがみつく可能性がある。

② 最近日本で副業を認める流れがあるが、ベトナムは以前から副業を労働法で認めている。本業の給料が上がらなくなり、副業で収入増をはかる社員が出てきても、それを禁止することは非常に困難である。そのため、場合によっては本業がおろそかになったり、本業と副業が入れ替わったりしてしまう恐れがある。

③ ベトナム法人税法では人事評価や会社の業績に応じた変動型の賞与を損金(税務上の費用)にすることが難しい。そのため、多くの企業、とくに日系企業は社員の年収に占める賞与の割合が非常に小さい。つまり、リストラ対象社員の賞与を減額することはできても、その余地がとても少ないため、年収を下げて転職を促すということができない。

こういった背景から、ベトナム進出企業には将来の労務リスクを想定して対策を講じることが求められる。就業規則などで懲戒処分について詳しく規定しておくことが、セミナーなどいろいろなところで推奨されているが、個人的にはそのような対策はしておくべきではあるものの、大きな効果は期待できないと思っている。どんなルールにしていても採めるときには採めるし、何よりもベトナムは労働者保護の傾向が強い国なのだから。自戒の念を込めて、①目先の節税を考えずに支給総額に占める変動型の賞与の割合を増やすこと②事業や業務の見直し、IT化などで労働集約型のビジネスモデルから脱却することが重要だと考える。

コラム

2

年収の3倍におよぶこともある高額な駐在員のコスト

進出支援を手掛けていると、担当者との間でつぎのような会話が交わされることがしばしばある。

進出検討企業担当者　「ベトナムの税務でとくに気をつけたほうがいいことはありますか」

筆者　「まずはご駐在員の個人所得税が思いのほか高額ということですね」

進出検討企業担当者　「ジェトロのホームページなどで見ましたが、最高税率35%《パーセント》ですよね」

筆者　「たしかにそうですが、実際に計算してみると赴任前の年収の7割くらいになりますよ」

進出検討企業担当者　「え!? なぜですか」

筆者　「それは、かくかくしかじかで……」

進出検討企業担当者　「そうですか。それでは進出の件は今一度本社に持ち帰り計画を練り直します……」

これは私が月に何度もしている会話です。進出前の企業との会話になりますが、進出後にお客さまの駐在員ご自身から「所得税が高すぎる。御社のスタッフが計算を間違えているはずだ」といったようなご指摘のお電話を受けることも日常茶飯事です。

ベトナムの個人所得税が高額になってしまう理由としては、多くの駐在員が日本勤務時の手取り所得を保障されていること、給与以外にもさまざまな手当が個人所得税の課税対象になってしまうことがあげられます。

ベトナムの個人所得税は累進税で最高税率35%《パーセント》ですが、駐在員の給与水準はベトナムで高額所得者に分類され、所得の大部分が最高税率をかけられます。また、それは実際に支払われている給与（手取り給与）にかけられるのではなく、手取り給与額が保障されているため、課税所得総額（手取り給与＋課税手当＋所得税）にかけられることになります。さらにベトナムの場合、この課税手当の範囲が広いというデメリットもあります。会社負担の住居費や海外赴任手当など、給与や賞与以外にもさまざまな項目が課税対象になるのです。

というわけで、具体的な数字に当てはめてみましょう。月次の手取り給与が50万円、課税手当が30万円とすると、その合計金額の80万円は30パーセント強の所得税を引いた後の金額と考えます。そのため、税込の所得である課税所得総額はその１・５倍の１２０万円となり、80万円との差額の40万円が所得税ということになってしまうわけです。

そのため、弊社（アイ・グローカルグループ）では進出前のＦＳ（事業可能性の検証）で予算を考える際には、高額な所得税と福利厚生を保守的に見積もって、駐在員のコストは年収の２・５倍程度で考えておくことをオススメしています。家族帯同の場合、学費も会社で負担することが多いため、3倍程度で考えるべきです。そのため、場合によってはひとりの駐在員のコストが、ベトナム人のオフィススタッフ数十人分、ワーカーであれば50人分程度になるため、所得税を踏まえたコスト面からも将来的にはベトナム人主体の経営を目指していくことが重要になるのです。

第4章
観光・宿泊業はリゾート開発に商機あり

相つぐホテルチェーンの進出

ベトナムビジネスの活発化とベトナムの中間層の拡大にともない、ホテルやリゾート、レジャーといった観光・宿泊業の進出が活発化している。なかでもホテルをはじめとした宿泊関連のビジネスに勢いがある。とりわけホーチミン市やハノイ市は観光客だけでなく、海外からのビジネス客が多いため、つぎつぎとホテルがオープンしているのにどこも混み合っており、とくに5つ星ホテルはかなり予約がとりにくい状況になっている。

日系企業も当然ながらそのあたりに目をつけ、積極的に進出に乗り出している。たとえば、ビジネスホテルチェーンとして有名なスーパーホテルグループもハノイ市に進出しており、観光客やビジネス客を見事に取り込んでいる。また、大手チェーンではないが、東屋というホテルも人気だ。露天風呂を設置するなど日本式のおもてなし、サービスを徹底し、リーズナブルな価格帯にすることで、日本のビジネス客から根強い支持を集めている。

そのほか、大手のホテルチェーンの進出も目覚ましい。たとえば、ホテルオークラは２０２０年にオークラプレステージサイゴンをオープン予定だし、相鉄グループはレタントン通りの近くに２０２１年春、宿泊特化型のホテルをオープンするという。

宿泊業の進出時のハードルは用地取得

ただし、宿泊業には先述したように用地取得という大きなハードルがある。社会主義国であるベトナムでは土地を所有する権利はなく、あくまでも土地使用権という権利を移転することになるが、外資企業は土地使用権を購入できないという土地法上の制約がある。そのため、既存のホテル事業者やすでにリゾート開発や宿泊業の認可を持っている事業者を企業買収するのが常套手段になっているのだ。しかし、当然ながらそういった会社が都合よく見つかるとはかぎらないし、投資を回収するには長期的な事業計画が必要になる。しかも、土地に関しては使用権だけしか得られないし、その割当期間は原則50年以下となる。おそらく50年を経過しても契約更新はできると思われるが、状況しだいでは更新の可否がどうなるかはわからないし、金銭的な条件も厳しくなる可能性が高い。こうした事情から、多くの宿泊事業者はベトナムの可能性を感じながらも進出することができず、二の足を踏んでしまっているのだ。

また、大規模工場を立ち上げる場合と同じだが、そもそも現在、ホーチミン市やハノイ市の一等地でまとまった土地を取得できるケースはほとんどない。5章にて詳述するが、日本からも多くの不動産デベロッパーが進出しているものの、そういった会社ですらなかなか思うように土地を取得できずにいる。それだけに、宿泊施設の進出にあたっては、つねに情報収集を心がけることが肝要だ。不動産仲介会社やコンサルティング会社などから最新の情報を入手し、もし好立地の物件を持った事業者やまとまった土地を持った事業者とM&Aなどの交渉する機会が得られるのであれば、ある程度、価格が高くても攻めの姿勢で臨まないことにはビジネスチャンスを掴むことは難しい。

インバウンドとともに盛り上がるリゾート地

昨今の観光業を語るうえで、トレンドとして外せないのはインバウンドの増加だ。事実、ベトナムへのインバウンドはここ数年、右肩上がりで増加しており、政府は2019年の年間目標を1800万人とし、2020年の年間目標を2000万人超としている。実際にその数字に達するかどうかは微妙だが、ここ数年、毎年20～30パーセントのペースでインバウンドが増加しているのは間違いなく、それにともない観光・宿泊業はもちろん、飲食や小売といったサービス業全般が盛り上がりをみせている。ちなみに、ホーチミン市やハノイ市の街中を歩くと驚くほどさまざまな国籍の人たちに出会うが、なかでも多いのは中国人と韓国人だ。とくに中国人はベトナムへのインバウンドのおよそ30パーセントを占めているというから驚きである。

さらにここ数年はホーチミン市やハノイ市といった都市部だけでなく、地方都市が観光都市やリゾート地として脚光を浴びるケースも増えている。

その筆頭としてあげられるのが中部のダナン市だ。ひと昔前までは知る人ぞ知るリゾート地という感じだったが、いまや世界的に注目を集めるミーケビーチを中心にハイアットリージェンシーダナンリゾート&スパ、インターコンチネンタルダナンリゾートといった外資系の

5つ星ホテルのほか、ビングループが経営するヴィンパールラグジュアリーダナンなどのローカル資本による5つ星ホテルなどが軒を連ね、国内外の観光客を呼び込むことに成功している。なおダナンの場合、ホーチミン市やハノイ市と比べて土地が取得しやすく、なかには現地の人が土地をある程度まとめてくれるケースもあるという。こうした地元のアグレッシブな姿勢もまたダナン市がリゾート地として急成長した理由のひとつではないかと思う。

　ダナン市から30キロメートルほど南に位置するホイアン市という古都にも注目したい。1999年に「ホイアンの古い町並み」というテーマで世界文化遺産に認定されており、ダナン市を訪れる観光客の多くはこのホイアン市にも足を延ばし、あわせて観光を楽しんでいる。かつて貿易で栄えた旧市街の古い街並みには中国風の木造建築が立ち並び、夜になると色とりどりのランタンに照らされ、独特の情緒を漂わせる。その情緒はまさに古き良きベトナムといった感じで、ベトナムの都市部の開発が進めば進むほどその希少性が注目されるようになってくるだろう。

　また、ホイアン市からさらに南下すると穴場のリゾート地として注目されつつあるクイニョン市がある。ベトナムの不動産開発大手であるFLCグループがリゾート開発やマンション開発に積極的に乗り出しており、数年前までの海辺の田舎町という印象が一変している。そのほか、ベトナム南西部にあるフーコック島も人気上昇中のリゾート地だ。ちなみに、フーコック島にはビングループが手掛けるベトナム最大級のテーマパーク、ビンパールランドが立地しており家族連れから人気を集めている。さらに同じくビンパールランドが立地するニャチャン市にもインバウンドが続々と押し寄せている。とくに直行便が飛んでいる中国からのインバウンドが多く、ビーチは中国人観光客であふれかえっている。

日系企業のリゾート地への進出動向

では、日系企業がどういったリゾート地に進出しているのかというと、やはり圧倒的な人気を誇っているのがダナン市だ。たとえば、日本においてビジネスホテルを展開するルートイングループもダナン市には進出しており、２０１７年には「グランヴィリオシティ ダナン」と「グランヴィリオオーシャンリゾートダナン」というふたつのホテルを開業し、いずれも人気を集めている。ただ、当初は日本人顧客をターゲットとしていたが、フタを開けてみると韓国人観光客が多かったため、食事など韓国人向けのものを増やしているという。

また、本章のインタビューに登場するホテル三日月グループもダナン市の地主（提携先）との交渉を成功させ、見事に進出をはたしている。そして現在、総額１２０億円を投じて「ダナン三日月「JAPANESE RESORTS&SPA」を建設しているという。従来の５つ星とは一線を画す巨大リゾート施設であり、ホテルや温泉&アクアドームゾーン（全天候型のドーム施設）などを運営するほか、日本文化を積極的に発信していくというから、今後の動向が気になるところだ。詳細については本章の最後にあるインタビューでたっぷりと語っていただいているので、ぜひ一読いただきたい。

日系の宿泊事業者の人材育成に関する取り組みにも注目したい。ホテル三日月グループもルートイングループもベトナム人材の活用を重視しており、ルートイングループの場合は技能実習生として日本で育てた人材をベトナムに送り込むという方法を採用している。インバウンドの受け入れを考えると、日本においてもベトナム人スタッフがいるのは大きなプラスなので、まさにＷｉｎ-Ｗｉｎのビジネスといえるだろう。他方、ホテル三日月グループは提携先が抱えていたホテルスタッフを再雇用し、日本で研修を受けさせるなどして現地スタッフのレベルアップに努めているほか、日本国内においてもベトナム人材の採用を積極的に進める方針をとっている。

現在、日本の観光・宿泊業はインバウンドで好調だが、新規のホテルを立ち上げようにも国内には出店の余地が少ないし、インバウンドの好調もいつまでつづくかわからない。そうすると、当面の経済成長が見込めて、インバウンドに関してもまだまだ伸びしろがあるベトナムはこれからも注目すべき、投資すべき国ということになるだろう。だが、その一方で世界中のありとあらゆる企業がベトナムには注目している。そのなかで、日本の観光・宿泊事業者がローカライズをはかりながら、いかにベトナムにない価値、日本ならではの価値を提供できるかが今後のポイントになるだろう。

冷静と情熱を兼ね揃えた経営スタイルで
ダナンに13ヘクタール、総額120億円の
巨大スパリゾート施設を建設

ゲスト

ホテル三日月グループ 代表

小高芳宗（おだか・よしむね）

インタビュアー

I-GLOCAL（アイ・グローカル）グループ 代表

蕪木優典（かぶらぎ・ゆうすけ）

創業者の遺志を継いでダナンに進出

蕪木　**アイ・グローカルグループ代表**　ホテル三日月グループは千葉県（勝浦市、鴨川市、木更津市）と栃木県（日光市）で年間120万人超の来場者を誇るスパリゾートとホテルを展開していますが、現在はベトナム中部のリゾート地であるダナン市に進出し、総額120億円を投じて「ダナン三日月JAPANESE RESORTS&SPA」という巨大スパリゾート施設を建設中ですね。まず、なぜダナンに進出することになったのか、その経緯からご紹介ください。

小高　**ホテル三日月グループ代表**　2017年3月にベトナムに社員旅行に出かけたのがきっかけです。私の祖父であり、創業者でもあった小高芳男（故人）がベトナムに一目惚れし、「ここで商売をしよう」といいはじめたのです。その判断は一見すると突飛なもののようにも思えますが、当時87歳だった創業者は自身の膨大な経験にもとづき、ホテル三日月グループの活路をベトナムに見出したのだと思います。

私たちには海外ビジネスの経験はありませんでしたが、創業者のビッグデータが出した判断を信じ、帰国後すぐにメインバンクの商工中金さんをはじめ、商社やジェトロ（日本貿易振興機構）、メガバンク、ゼネコンなどから情報を収集し、3カ月でホーチミン市やハノイ市、ダナン市など、

小高芳宗（おだか・よしむね）
ホテル三日月グループ 代表

30カ所以上の候補地をピックアップし、車椅子の創業者とともに汗だくになりながら候補地を巡りました。そして、2017年5月にダナン湾の形状が当社の創業の地である勝浦の三日月湾に似ていること、ダナン湾にはまだ5スターホテルがないことなどの理由からダナンへの進出を決め、実際にダナン湾の近くにリゾートホテル（12棟48室のヴィラ）と約6ヘクタールの土地を所有していた地主（提携先）と出会い、交渉をはじめることになりました。

　ところが、そのわずか2週間後、創業者は帰らぬ人となってしまいました。ともすれば、プロジェクトそのものが頓挫してもおかしくない状況でしたが、私たちは創業者が亡くなる前日もダナンの建築に関して5時間におよぶ熱い

蕪木優典（かぶらぎ・ゆうすけ）
アイ・グローカルグループ 代表

打ち合わせをしたのを目の当たりにしていました。だからこそ、その遺志を受け継ぎ、一丸となってこのプロジェクトの成功のために邁進することができたのです。不退転の決意でした。

そして創業者が亡くなって2日後、葬儀の準備で慌ただしいなかでしたが、私はプロジェクトの手を止めず、金融機関の担当者と概算M&A費用の25億円をホーチミン市に送金しました。ホーチミン市の非居住者口座に現金を持ったまま交渉することで、創業者が他界しても、自分たちが本気であることを伝えたかったのです。

蕪木 建設資金の調達はどうしたのでしょうか。

小高 建設資金の本格的な借入計画の作成は、2017年8月に商工中金さんとともに開始しました。その後、同年12月にホテル三日月グループの債権者会議を関連する金融機関に立ち会ってもらって開催し、2018年6月に商工中金さんのサポートのおかげで総額90億円のシンジケートローンが意思結集されました。アレンジャーは商工中金さんで、その他多数の金融機関（千葉銀行、三井住友銀行、みずほ銀行、京葉銀行、千葉興業銀行、銚子信用金庫）が参加しています。商工中金さんが取りまとめたシンジケートローンとしては過去最大級の組成額だそうです。通常、この手の海外進出を実現するには、海外法人の設立や現地調査などに2～3年、その後、デューデリジェンスやリーガルチェック、資金調達などに1～2年を要するそうですが、中小企業の最大の強みである「意思決定のはやさ」を生かし、すべての手続きを2年ほどで終え、着工することができました。

なお、提携先に関しては2018年7月12日に株式の66パーセントを取得して私が代表に就任し、グループ会社となりました。しかし、このときにひとつの事件が発生しました。初めての資金リリースだったこともあり、両者が株式譲渡契約にある項目をクリアしていなければならないのに、提携先に未達の条件があり資金リリースにストップがかかってしまったのです。が、私は若さを武器に「失敗したら残りの人生50年を無給で働けばいい」「これまでの自分たちのフィジビリティを信じることが大切だ」と決断し、念書を書いたうえで支払いを実行しました。そして、13

億円の送金伝票と一緒に私の拙い字で『信頼』と記した書を送りました。後日、提携先のダナン事務所に行くと、その書が飾られていて、信頼を勝ち得たことを実感し、国境を超えて兄弟になれると感動しました。おかげで、オーナーとは現在も良好な信頼関係を築けていますし、M&A先の社員たちもそのままホテル三日月グループに迎え入れることができました。

蕪木 資金調達に関して、商工中金とタッグを組んだ決め手はなんだったのでしょうか。

小高 1969年からの半世紀におよぶ信頼関係がすべてです。そもそも、商工中金さんは今回のダナン進出にかぎらず、創業時の資金繰りが厳しい時代より、新規投資、東日本大震災時の危機的状況、そして事業承継にいたるまで、つねに真摯に当社と向き合い、さまざまな実情を理解したうえでサポートしてくれました。過去のお付き合いについては創業者から常々聞かされてきました。

また、商工中金さんの「変わらない使命のために、変わりつづける」という理念、そして「地域の未来を中小企業とともに」というスローガンに何度も心を奮い立たされました。ダナン進出にあたっても判断に迷うことがしばしばありましたが、最後はこの言葉が私の背中を押してくれました。この言葉には今も鼓舞されることが多いので、私はつねにこの言葉が記載された商工中金さんのクレドカードを胸ポケットに入れています。

また、商工中金さんとホテル三日月グループのリレーションを信じて、ともにシンジケートローンに参加していただいた金融機関さんと、既存取引がある金融機関の皆さんには心より感謝しています。借りられなければ夢に挑戦できなかったのですから。

蕪木 ダナン市政府が主催する土地オークションにも参加したそうですね。

小高 Ｍ＆Ａによって取得した土地の隣接地の土地使用権をオークションで落札するのが提携先との条件でしたので、２０１９年1月7日に提携先と一緒に参加しました。ダナン市政府の関係者によると、こうした土地オークションに日本人が参加したのは初めてだったようです。無事にその土地を落札することができ、合計13ヘクタールを開発できることになりました。これが日系企業初の出来事として注目され、ジェトロのセミナーに講師として招聘されました。

「宝船大作戦」で日本文化の魅力を発信

蕪木 ダナン市の商圏としての魅力はどうですか。

小高 ダナン市の人口は約１００万人ですが、半径３００キロメートル圏内の人口は１１４７万人、流入人口は８００万人におよびます。そのため、私たちとしてはダナン在住＋近郊都市＋流入観光客の合計にあたる約2000万人をターゲットにしたビジネスを展開したいと考えています。また、世界一を決める花火大会やトライアスロンなど、年間52もの観光イベントが開催されるのも魅力的です。

それに私たちが進出するダナン湾はリゾート地としてほとんど開発されていないにもかかわらず、空港からのアクセスが車で15分と良好です。また、屋外スパリゾートという事業形態に関しては、空港から1時間弱の場所にすでに成功しているベトナム企業がいること、その施設がかなり強気の価格設定であるにもかかわらず多くのベトナム人を呼び込んでいることなどから、全天候型のスパドームで365日楽しめる当グループの施設は十分に受け入れられると思っています。

蕪木 ダナン三日月JAPANESE RESORTS&SPAはどのような施設になるのでしょうか。

小高 総面積13㌶という広大な土地を活用し、全室オーシャン

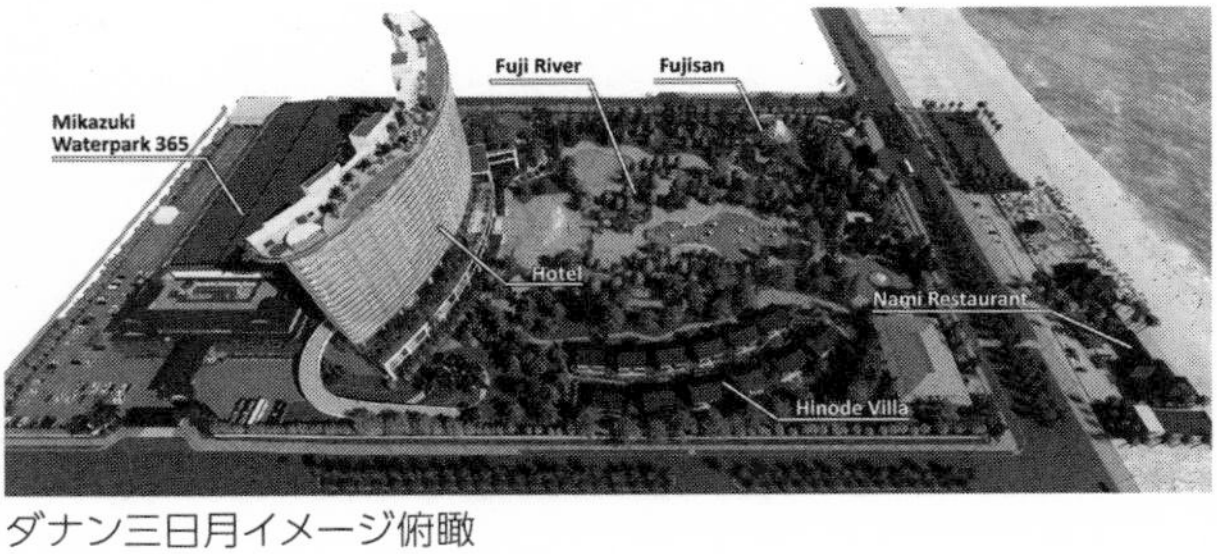

ダナン三日月イメージ俯瞰

「ジャパニーズレストラン波」のエントランス

「ジャパニーズレストラン波」の個室

バンケットホール

ビュー（294室）の22階建てのホテルを建設して地上90メートルの最上階にはインフィニティプールと温泉露天風呂を設け、全天候型のドーム施設（アジア最大級）となる温泉&全天候型アクアドームゾーンにはウェーブプールやドラゴンスライダーなど、水着で楽しめるアミューズメントを建設する予定です。また、ガーデンラグーンゾーンには1周450メートルの流水プールや12棟48室のヴィラ、オーシャンゾーンには飲食やバンケット施設を建設していきます。順次開業ですから、2019年末にヴィラとオーシャンビューレストランをオープンする予定です。その後、２０２０年６月に第１期、２０２１年４月に第２期オープンとつづいていきます。

蕪木 日本文化のＰＲも積極的に推進していくそうですね。

小高 日本文化の発信基地「宝船大作戦」というコンセプトを大々的に掲げ、ホテルやアミューズメントというフィールドを最大限に活用して、寿司や天ぷら、和牛、日本酒といった食文化はもちろん、神社仏閣や衣料品、教育、美容用品まで、日本の素晴らしい資源をすべて持って行きたいと考えています。今回の私たちのプロジェクトは総額１２０億円におよび、ダナン市への投資に関しては現段階では過去最大ですし、ダナン市政府も地元の関係者も積極的に応援してくれています。ホテル三日月グループの成功が、ダナン市における企業誘致の広告宣伝塔になると感じていただけていると思います。

その活動の一環として、先日、日光東照宮に足を運びました。日光市には、きぬ川ホテル三日月があるため、日光東照宮とは先代から長年にわたって親交があるのですが、思い切って宝船大作戦に参加してもらえないか宮司に直談判してみたのです。すると、宝船大作戦への参加を表明してくださり、ダナンの施設内に日光東照宮の一部を模した社《やしろ》を建てることになりました。宗教的にはご分霊を拝戴させていただくといって良いと思います。この社を見る多くのベトナム人に日本の神社仏閣やその建築様式に興味を持っていただければ幸いです。さらにはベトナム国内に日本文化を発信する、私たちの守り神のような存在になってもらえたらと思っています。なお、日光東照宮の稲葉久雄宮司は神社経営手腕にも秀でており、さまざまな面から勉強させていただいています。平成の大修理の際にも多数のメディアに取り上げられましたが、日本の神社仏閣ではありえない修理事業の「複数年契約」を取り入れるなど、まさしく不易流行を体現されています。

蕪木 宝船大作戦の一環として、ほかの団体・企業などを巻き込みながらファンドを組成してみるのもおもしろいかもしれませんね。

小高 ダナンでのビジネスはまだまだ開発の余地がありますし、日本のテナントによるマーケットも展開したいと考えていたので、今後はマッチするかもしれませんね。ただ、今の私には投資資本よりも、返済義務のある借入のほうが心の底から闘志が湧いてきて、自分にあっています。

宮内庁御用達の神輿屋宮本にて、日光東照宮とともに文化輸出の神輿作成に着手

蕪木 宿泊者のターゲット層はどのあたりをイメージされていますか。

小高 私たちは国内において「親子三世代」をテーマにしてきましたが、ベトナムにおいてもこのコンセプトを大切にしていきたいと考えています。そして、基本的には地元の人たちに喜んでもらえるようなホテルづくりをしていきたいと考えています。つまり、海外の富裕層を呼び込むのではなく、ベトナムの中間層に喜んでもらえるようなホテルづくりを目

「日の出ヴィラ」のフロント

「日の出ヴィラ」の客室

「日の出ヴィラ」のバスルーム

指します。たとえば、5スターホテルではベッドがふたつの2人部屋が一般的ですが、もっとも小さな部屋でも69・5平方《メートル》と、今回の進出にあたっては4人家族がゆったりと泊まれる部屋を用意しています。また、日本では修学旅行などで子どもたちにファンになってもらい、その家族にも来てもらうことで親子三世代のテーマを実現してきましたが、ダナンにおいても似たような戦略を展開できればと考えています。

そのほか、かつての日本がそうだったように、これからベトナムでは団体旅行のニーズが過熱してくるはずなので、中間層のファミリーとあわせて、そういった団体旅行のニーズにも対応していきたいですね。さらに、今後は国際会議などの需要も高まってくると思われますので、日本文化の魅力を打ち出しながら独自のＭＩＣＥ（マイス：Meeting, Incentive, Convention, Exhibition/Event の総称）対応に力を注ぎたいと思っています。

本気度とユーモアが交渉のポイント

蕪木 実際にダナンで交渉や施工を進めるにあたって、日本とのギャップを感じることはありましたか。

小高　商習慣の違いに困惑することはありましたが、つねに本気度を伝えること、そしてユーモアを大切にすることで乗り越えることができました。

本気度については、現地での交渉にあたってはつねに実印を首から下げる袋に入れて持ち歩いていましたね。「いつでも、その場で契約を結ぶぞ」という本気度をみせることで、相手にも本気になってほしいと思ったのです。実際、その効果は大いにあったと感じています。

ユーモアに関しては、創業者の影響が大きかったですね。創業者は怖い雰囲気の人でしたが、自分が権力者であるということを認識し、話の最初にはかならずやわらかい話をしていました。そうすると、多くの人は笑顔になるし、そこから話がスムーズに進んでいくのです。ですから、私も本気度はアピールしながらも、話の最初には「空輸してきた土産は俺自身です。送料が高いけどどうぞ」といったり、ダナン市長に「明日は600人の前でスピーチしてもらうから一番格好いい服を着てくるように」といわれたときには「俺が一番格好いいのは裸だけど良いかい？」といったりしました。こういった具合にちょっとした冗談を交えて、場を和ませるように心がけたのです。ユーモアは万国共通、多くのベトナム人がそういった会話でやわらかい雰囲気になり、心を許してくれました。

蕪木 提携先や取引先に対して、とにかく真正面から体当たりでぶつかっていくという小高代表の姿勢に感動すら覚えました。

小高 私が今回のプロジェクトに関して決めていたのは、絶対にウソをつかないことです。こちらが誠意を持って接すれば、かならず相手も誠意を持って向き合ってくれるはずと信じ、「骨までだきしめる」ことをモットーにこのプロジェクトに取り組みました。提携先や市政府、デベロッパーなどと交渉したり、議論を交わしたりする際には相手の目を見て、手を握りながら話すこともしばしばありました。クレイジーだと思われてもいい、それくらいの覚悟がなければこの事業を成し遂げることはできない、そう思って臨みました。

蕪木 ときにはその実直さゆえに先方と衝突することもあったのではないでしょうか。

小高 そうですね。木更津の当社のホテル（富士見亭）での打ち合わせの際に、提携先との議論が白熱し、おしぼりを投げつけられてしまったこともありました。もちろん、そのときには頭にきましたが、だったらまずはたがいにしっかりと向き合わないといけないと思い、富士見亭の最上階の浴場に誘い、一緒に風呂に入りました。理屈や理論も大切ですが、やはりハートの付き合いが大切だと思ったのです。その後はおたがいに冷静になり、あらためて交渉を再開することができ、無事に事を運ぶことができました。

蕪木 これだけのことを仕掛けるとなると、プレッシャーも大きいと思います。

小高 実際、これまでにないほどのプレッシャーを感じています。自己資本だけではなく、借入資本でやっているだけにプレッシャーは絶大です。実際、40℃近い高熱が3カ月で10回以上出たこともありましたし、ほぼ仕事の夢で目を覚まします。しかし、私の強みはなんといっても若さです。このプロジェクトに人生をかけて全力を出し切るつもりで取り組んでいます。そして、この情熱を持ちながら人生最後の瞬間まで走れたら、最高に良い人生だったなと思えると感じています。きっと創業者も同じような思いで事業に臨んでいたのだと思います。

「観光地は創るものだ」という使命感

蕪木 ホテル三日月グループの場合、国内市場に関しても攻めの姿勢を持ちつづけていますね。

小高 国内においても、失敗してもいいから勝算のあるチャレンジをしなければならないという思いで、事業を展開しつづけてきました。たとえば、2019年の夏には本社所在地であり、創業の地でもある千葉県勝浦市であらたなチャレンジを試みました。

蕪木　具体的にはどのようなチャレンジだったのですか。

小高　10～15年前、当グループが経営する勝浦ホテル三日月の８月の宿泊者数は２万人以上で推移していました。しかし、それ以降は徐々に宿泊客数が落ち込み、２０１８年には１万６６３０人と20パーセント減となっていました。そんな折、ダナンプロジェクトがきっかけで当社に韓国の事業者から海上アスレチックの売り込みがありました。彼らの主張はダナンでの展開でしたが、その説明を聞いているうちに「これが勝浦にできたら千葉県初の目玉になる」とピンときたのです。そして、すぐさま勝浦中央海水浴場に日本最大級のウォーターアイランド（海上アスレチック）をつくるために韓国に渡り、ダナンの経験を生かしたクロスボーダーでの購買に着手しました。

　完成した海上アスレチックにはスライダーやジャンプ台、バランスブリッジなど、約25種のアトラクションが備わっています。このことを新聞折込チラシやテレビＣＭ、ユーチューバーの受け入れなどで大々的にＰＲしたところ、宿泊者数が前年比17パーセント増の１万９４００人になり、直近10年で２番目の好成績となりました。また、海水浴客に関しては前年比３５２パーセント、３万５０００人ものお客さまに来ていただけました。こういった挑戦と試行錯誤を繰り返しながら、創業者が築いてきた経営資源を生かしていかなければならないと思っています。

蕪木 ベトナムにかぎらず、国内においても積極的な攻めの姿勢を貫いているのですね。まさにそれがホテル三日月グループの強みであり、躍進の原動力であるように感じます。

小高 そのとおりだと思います。また、これからのことでいいますと、国内においてはきぬ川ホテル三日月の耐震改修工事に着手しなければなりません。２０２０年1月から着工する予定ですが、たんに耐震改修を行うのではなく、５スターホテルのような水盤テラスや庭園をつくり、いつものホテル三日月価格で世界の５スターホテルに来ている感覚も体験できるようにしたいと思います。もちろん、オペレーションシステムに関しても最新のものを導入し、労働集約型の旅館業務をＩｏＴの活用で最適化していく予定です。おそらく総額20億円ほどの投資になりますが、これを機に鬼怒川温泉を活性化したいと考えています。また、現時点できぬ川ホテル三日月の宿泊者数に占めるインバウンドの割合は２パーセント程度と低いので、今回の改修でインバウンドの心も掴めるようにしていきたいですね。

蕪木 素晴らしいチャレンジ精神ですね。その根底にはどのような思いがあるのでしょうか。

小高 創業者は「観光地は創るものだ」という信条を持っていました。実際、創業者は漁業しか産業がなかった勝浦に観光ホテルを立ち上げ、ホテル三日月グループをここまでの規模に育て上げましたし、ダナン進出に関してもあえてメインのビーチからはなれた地域に着目しました。そうやってゼロからイチを生み出していくことが、地域の発展、そして当グループの発展につながると思うのです。

蕪木 ホテル三日月グループの変遷をみると、節目、節目にプロテイン(借金)を飲み込み、ひたすら筋トレ(経営努力)をする会社のように思えます。

小高 蕪木さんは筋トレで見事に激マッチョになりましたから、まさに鍛錬から生まれた名言ですね。ありがとうございます。旅館業は装置産業に似ているので、財務構造上そのようにみえるのかもしれませんね。

ベトナムの人材のポテンシャルを引き出す

蕪木 ダナンはもちろん、日本においてもベトナム人を積極的に正規雇用しているそうですね。

小高 日本の人口が減っていくのは明らかで、2060年には8673万人にまで減少し、生産年齢人口は4418万人になるとされています。しかも、かつては世界2位だった一人当たりGDPは26位にまで下がってきています。ですが、ベトナムはまだまだ人口ボーナスによる経済成長がつづきますし、多くのベトナム人はハングリー精神に満ちており、勤勉ですし、よく努力し勉強します。そのあたりのポテンシャルを踏まえて、当社では国内においてもベトナム人を積極的に採用し、優秀で頑張っている人材がいればすぐに抜擢するようにしています。いずれは国内のスタッフの2割くらいはベトナム人になるのではないでしょうか。ちなみに、ダナンの100パーセント出資子会社となった提携先のベトナム人スタッフについても日本に7、8人ずつ招き、日本側の正社員と交流したり、レストランや清掃を経験したりしてもらい、ホテルスタッフとしての仕事やマナーを学んでもらったのですが、目を見張る成長ぶりでした。

蕪木 日本での人材不足が深刻ということでもありますね。

小高 おっしゃるとおり、日本での人材不足は深刻で、ホテルのスタッフを採用しようとしてもなかなか人材が集まりません。とくに若手人材を採用するのは年々難しくなってきています。

しかも、私たちの本社がある勝浦市の人口は約1万7000人と、千葉県内の市のなかで最少です。私はこの地に家族とともに住み、子育てもしているので、地域における著しい高齢化、そして子どもの少なさを日々、実感しています。実際、私が住んでいる地区では2019年に七五三を迎える子どもが9人しかいませんでした。ある意味、日本の人口減少や少子高齢化の最先端モデル地域であるといっても過言ではないと思います。

ですが、東京まで車で1時間半という立地は世界的にみたら素晴らしい商圏ですし、創業者は今よりはるかに厳しい時代を生き、ゼロベースから当社を創業したわけですから、ピークからジリジリ減少する時代を生きる私たちにはまだまだ打つ手があるはずです。もちろん、だからといってやみくもに攻めては意味がありません。人口が増加傾向にあるときには良いモノを安く大量に売ることが至上のビジネスモデルになりますが、人口が減少傾向にある今はそれではビジネスを拡大させることはできません。

この人口縮小時代においては、高付加価値がキーワードになります。そして、それを実現するには海外からも優秀な人材を雇用し、設備投資や生産性向上、さらには社員研修などの教育に全力を投じなければなりません。まだまだチャレンジの途上ではありますが、いつかこの逆境を跳ねのけることができたら、そのノウハウを持って同じような悩みを持つ地域や海外の都市にも展開してみたいですね。私は旅館やホテルが経営破綻する際の要因の多くは、過剰な設備投資か経営一族の不和によるものだと思っていますが、社員教育に投資しすぎて経営破綻したという話は聞いたことがありませんから。

蕪木　そのお話には大いに共感できます。ベトナム人のなかには転職は当たり前という感覚がありますが、社員教育に力を入れていけば、自然とその社員は会社のファンになってくれるはずです。また、そうなれば仮に辞めたとしても会社の良いところを広めてくれるし、顧客になってくれる可能性もあります。

小高 企業や人を通して、今後は国境を越えた地域間の交流も盛んになってくるのではないかとみています。たとえば、2018年10月に木更津市長と一緒にダナンに行き、ダナン市に友好都市協定の申し入れをしたところ、2019年4月には正式締結となり、調印式が行われました。これによりますますダナン市と木更津市の人的交流は盛んになると思うので、当グループもそういった流れを全力で推進していきたいと考えています。また、ASEANで商売をする以上は、同じアジア人なのだから「和を以て貴しとなす」といった感覚を共有したいと思っています。

創業者精神を持ちつづけながら事業に臨む

蕪木 今後の目標についてお聞かせください。

小高 今回のベトナムでの体験では、小さな成功体験の裏にふたつの要素があったと感じています。私はそれを「冷静と情熱をもって100年企業を目指すSPA&RESORT」という言葉であらわしています。冷静はそろばん（経済合理性）、情熱は勇気ある経営判断（行動力）を意味しており、60周年の節目であり、ダナンのホテルがオープンする2021年には社員の制服を一新するなどしてブランド刷新をはかる予定です。また、短期的には合計1113室（2019年現在）の客室を、2021年には合計1500室超にしたいと考えています。ちなみに、ダナン進出に挑戦している最中には税務調査まで入りましたが、そのときも冷静と情熱をあわせ持つことで弊社の合理性を説明することができました。

また、今後の海外展開に関してはダナンをひとつの大きなきっかけにしたいと考えています。ダナンでのビジネスが軌道に乗ったら、ベトナムの他地域やほかのASEAN諸国への展開も積極的に検討していくつもりです。社員教育も兼ねて、ASEAN諸国のいたるところにミニ三日月ホテルをつくり、社内ベンチャーのような形で任せてみるというのもおもしろいかもしれません。

蕪木 100年企業になるにはどのようなことが重要になってくると思いますか。

小高 日本は世界でもっとも100年企業が多い国として知られていますが、その根底には伝統を継承しながら環境変化に適応し革新しつづけるマインドと、地域と共生しつづけるマインドがあるように思います。前者についてはこれまでいろいろと述べてきましたが、後者については人口減のなかでますます重要な要素になってくるので、これまで以上に積極的に地域貢献を進めていきたいと考えています。たとえば、2019年の台風15号、19号のときには当ホテルも停電や風災などの被害に見舞われましたが、幸いにしてはやい段階で復旧できたので、地域の方たちに浴場を無料開放し、大いに喜んでいただけました。また、比較的被害が少なかった勝浦では地元のスーパーマーケットで食料品を大量に購入し、それを被害の大きかった木更津に運ぶことで、地域住民やお客さまに喜んでいただけました。地域に根差す企業としては、こうしたときにこそ地域の皆さんの役に立たなければならないし、それがホテル三日月グループの存在意義だと思っています。

そして、もうひとつ重要なのがサプライヤーとの共生です。ホテル三日月グループはサプライヤーとの関係性を重視しており、サプライヤー各社を総称して三日月会と呼んでいます。日常的な業務はもちろん、年に一度の運動会などでも懇親を深めているのですが、先日の台風15号による停電の際にはこの三日月会の皆さんに本当に助けられました。停電で冷蔵庫の食料をどうするかという問題に直面したときに、三日月会の皆さんが冷蔵庫を貸してくれたり、「三日月の復旧は地域の復旧になる」と大浴場掃除をしてくれたおかげで難を乗り切ることができましたから。これからもその関係性を大切にしながら、ともに国内外のビジネスにチャレンジしていきたいと思っています。

蕪木 本日は非常に刺激を受けました。やはり中堅・中小企業のベトナム進出には、小高代表のようなリーダーシップが不可欠だと思いますし、そのスピードと情熱は大手企業すら圧倒できるものだと思います。

小高 2代目の経営者というと守りに入ってしまうイメージがあるかもしれませんが、企業の大小にかかわらず、やはりチャレンジすることを忘れてはいけないと思います。そういった思いを胸に、当グループでは『貞観政要』(中国・唐の太宗の問答集)を幹部で学びはじめました。勉強するにつれて「馬上で天下を獲っても、馬上で天下が治められましょうか」という問いにあらわれているような、守勢しながら新創業を立ち上げる難しさなどを学ぶことができたので、これからも創業者に感謝し、創業精神を持ちながら、事業に邁進していきたいと思います。

いつか誰かがやるなら、ホテル三日月グループがやってみたいから。

観光･宿泊業インタビュー

コラム 1

進出したからには現地で利益を出して多額の配当を狙うべき

以前よりは少なくなってきているものの、今も親会社の利益を優先する企業が多い印象がある。背景は各社さまざまだが、おおむね以下の3つの理由に集約される。

① 価格決定やビジネススキーム決定における現地法人の権限が小さい
② 親会社は日本側の税務リスクは十分意識しているが、ベトナム側の税務リスクは税務調査が入るまであまり重要視しない
③ 子会社で利益を出すことによる税務メリットを十分に理解していない

そこで、ここでは③について、子会社で利益を出すことによる税務メリットを詳しく説明したいと思う。

まず一番わかりやすい理由は、法人税が低いということだ。ベトナムは段階的に法人税率を下

げており、２０１６年からは20パーセントとなっている。しかも、一部の製造業やＩＴ企業は優遇税が与えられているのでさらに低い。税率が約30パーセントである日本で利益を出すよりもベトナム現地法人で利益を出したほうが、税金が安くなるのだ。

ふたつ目の理由は、ベトナムは配当にかかる源泉税がないということだ。ベトナムで法人税を払った後に残った現地法人の留保利益は、親会社に無税で送金可能である。これは周辺国に比べてベトナムの大きなメリットとなっている。たとえば、隣国のタイでは法人税はベトナムと同じ20パーセントであるものの、配当に10パーセントの源泉税がかかってしまうので、親会社からすると結局回収するまでに合計30パーセントの税金が課されてしまうということになるのだ。なお、中国は法人税率が25パーセントで、配当の源泉税が10パーセントとなっている。

３つ目の理由は、日本側で配当の95パーセントを益金不算入として扱えるようになったことだ。２００９年の税法改正により、日本本社が25パーセント以上出資する海外子会社から配当を受け取った場合、その95パーセントは益金不算入となった。要するに配当は５パーセントだけ利益として扱い、その利益に対して法人税を払えばよいということになったのである。日本の法人税率が約30パーセントなので、５パーセント×30パーセントで最終的に配当にかかる税金は１・５パーセントということになり、メリットが出るようになったのだ。

最後の理由は移転価格税対策だ。以前のベトナムでは移転価格税制はあっても、税務調査が行われることは稀だった。しかし、2018年頃から移転価格税の取り締まりが本格化しており、明確な理由もなく赤字体質の会社が、日系企業も含めて追徴課税を課される事例が頻発している。また、この税務調査は非常に強引で一方的なものになる傾向がある。だが、ベトナム現地法人の利益を優先すれば、こういった移転価格税のリスクを回避することにもなるのだ。

こうしたメリットを把握したうえで、ぜひとも親会社には子どもの成長を願う親のように、ベトナム現地法人をかわいがってほしい。そして、将来成長した暁には配当収入という大きな果実を得てもらいたい。ベトナムにかぎらず海外展開を進めるうえでは、そういった長期的な戦略が望ましいのではないだろうか。

コラム 2

ベトナムで欠かせない女性社員の活躍

ベトナムの女性の社会進出が進んでいることはたびたびニュースなどで取り上げられるが、実際にベトナムにいると、統計以上のものを肌で感じる。また、ベトナムの女性は役所や国営企業よりも民間企業で働く傾向が強いようにも思う。弊社(アイ・グローカルグループ)の女性社員比率は実に8割にも上る。製造業や商社などの日系の事業会社も、総務や経理などのバックオフィスはほとんどが女性社員だ。ＩＴ企業などエンジニアを多く抱える一部の業種を除けば、ほとんどの会社は過半数が女性社員だと思う。

女性比率が高いだけではなく、仕事に対する意識の高さにも目を見張るものがある。ベトナム人は日本人に比べると、結婚するのがはやく、子どもも多く出産するが、妊娠中でもたくましく働く。ベトナムは産休が6カ月で育児休暇というものはない。そのため、出産後に子どもと1日でも長く一緒にいるために、出産直前まで働く人が多い。弊社には以前、出産翌日から産休に入った社員もいたほどだ。さすがにこれには驚き、もう少しはやく産休に入ってもらうよう促しているが。

ベトナムに進出する日系企業にとって不可欠な女性社員の活躍だが、そのためのキーワードをつぎにいくつかあげたいと思う。ぜひ参考にしていただきたい。

・国際婦人デー、ベトナム女性の日

家庭と両立して一生懸命働いてくれる女性社員に感謝を示すことが必要なことは誰でもわ

かるが、実際にそれを日常で表現するのは難しいものだ。幸い、ベトナムでは年に2回の女性の日(3月8日の国際婦人デー、10月20日のベトナム女性の日)をとても大切にしているので、会社としてその日を活用するというのもいいだろう。食事会をしたり、ささやかでもプレゼントをあげたりすれば、想像以上に喜ばれるはずだ。

・産休から帰った後のキャリアに対する安心感

労働法上では従業員の権利は手厚く保証されているが、実際には日本の終身雇用のような文化はないので、産休に入る女性は復帰後にもとのように働くことができるか不安になる。そのため、無理をして、産休中でも家で仕事をすることを希望するケースが多々ある。産休中に別の従業員を採用されて戻る場所がなくなることを恐れているからだ。そういうことが常態化しているようでは、女性が活躍できる組織をつくることはできないだろう。普段からジョブローテーションをして、誰かが産休に入るときに慌てて採用しなくてもよい状態にしておくことや、何よりも何度も産休を取った社員がその後も活躍していけるというロールモデルをつくっていくことが大切だ。

・ビジネスプロセス・リエンジニアリング（BPR）

ビジネスプロセス・リエンジニアリング（BPR）とは抜本的な業務改革を意味する言葉で、最近働き方改革やRPA（ロボティックプロセスオートメーション）などによる業務のIT化が進む日本において頻繁に使われている。いくらベトナム人女性が仕事に対する意識が高いからといって、残業が多かったり、出張や外出が多かったりすると、結婚や出産のタイミングで退職してしまう人が増えてしまう。キャリアに対する意識が高いからこそ、家庭と両立しながら長期的にキャリアアップできる環境を求めているのだ。だからこそ、女性に活躍してもらおうと思うのであれば、これからはBPRやRPAなどを活用してすべての業務をゼロベースで最適化していくことが求められてきている。

第5章

価格高騰とともに郊外開発が急ピッチに進展する不動産業

ベトナム住宅の外資への開放

ベトナムでは住宅法と不動産事業法が2014年に同時に改正され、2015年7月1日から施行されている。改正住宅法では①建築投資ができる外国企業・個人が持つ場合②企業や支店、駐在員事務所などがベトナムの組織であり、ベトナムに住所がある場合③ベトナムへの入国ができる外国個人にかぎって、不動産の所有が許されることになった。③がややわかりづらいが、現時点では「入国ができる個人」であればいい、ということになっている。つまりビザを持っているか、日本人のような一方的なビザ免除がある国に関しては、入国時のスタンプがあればいいというわけだ。

だが住宅の賃借についてはまだまだ規制が多い。たとえば、外国人個人は所有物件を貸し出せるが、企業の所有物件については賃貸が禁止されているのだ。そのため、企業経営者が個人で物件を購入し、現地会社に貸し付けるという形が多くとられているようだ。

あまりに投機的な売買を避けるための規制も残されている。たとえば、購入賃借はひとつの建物内で30パーセントを超えてはならないとか、別荘などを含む個別住宅についてはひとつの地域で10パーセントまたは２５０軒を超えてはならないといった具合にだ。他方、個人の場合の所有期限は証明書の発行から50年となっているが、こちらについては期限の延長が1回可能とされている。もっとも具体的な条件はまだ不明な状況だ。

そのほか、改正法が施行されて以降、ピンクブックと呼ばれる土地使用権・建物所有権証明書がいまだ発行されず、第三者に証明する登記が明確にない状況がつづいているという点にも注意しなければならない。また、ときにはデベロッパー側が土地使用権の取得時に適切な手続きをしていなかったなどの理由で、トラブルに発展してしまったケースも耳にする。

不動産投資における税務のポイントについても少し紹介しておきたい。まず税務リスクとしては、納税遅延利息や罰金が非常に高額ということがあげられる。きっちりと納税しておかないと、あとから多額の罰金が科されてしまうことがあるので十分に気をつけておきたい。が、一方で固定資産税に近い非農地使用税は形骸的で年数千円程度となっており、日本のような高額の固定資産税はないので現状は安心だ。

資金回収を考えるうえでは、賃貸時や売却時の税務申告に注意が必要だ。賃貸の場合、賃料の5パーセントを個人所得税、5パーセントを付加価値税（VAT）として納めなければならない。売却時のベトナムでの個人所得税は利益部分ではなくて売却収入全体の2パーセントということになっているが、日本居住者については日本でも所得税が課されるので、日本側の税理士などにも相談して処理する必要がある。また、賃貸・売却時は収入をベトナムの個人口座にベトナムドンで入れなければならないし、こうした個人所得税をベトナムで納税していない場合、賃貸収益や売却収益を日本などに送金できないこともしっかり認識しておいてほしい。

改正住宅法で住宅の価値が急上昇

住宅法が改正されて以降、外国人によるベトナムでの不動産投資が実質的に解禁され、ベトナム人の富裕層と外国人によって不動産市場は年々ヒートアップしている。その様子は数字にもあらわれており、2015年から価格が150〜200パーセントに跳ね上がっている物件もあるほどだ。

なかでも、ホーチミン市とハノイ市の高級マンションは外国人による不動産投資が過熱している。不動産価格が高騰したとはいえ、その平均価格はアジアで最低水準とされ、依然として投資目的で購入する外国人が多いのだ。現に国営ベトナム通信（VNA）によると、2008〜2014年にベトナムで住宅を購入した外国人はわずか126人だったが、住宅法が改正されて以降、建設省住宅・不動産管理局によって住宅の所有を認められた外国人は、800人（2017年末時点）を超えたとされている。周囲をみるかぎり、住宅を所有する外国人は明らかに増加しているので、この数字はさらに大きなものになっているはずだ。

なお、ホーチミン市とハノイ市では、物件数や投資向きの立地の明確さなどの理由から、ホーチミン市に投資している外国人が多い印象だ。とくに今はオフィスが集中している1区の人気が圧倒的だが、3区、ビンタン区、2区、7区となどのベッドタウンも1区から車で30分圏内とアクセスが良く、人気上昇中だ。そのなかでも注目しておきたいのは2区である。開発中のメトロ1号線が区内のバイパス沿いを通ることになっているほか、インターナショナルスクールなどがあるタオディエン地区が文教地区として根強い人気を誇っており、日本人や欧米人に人気のまちとなっている。将来的にはホーチミン市の国際空港も2区側から近いドンナイ省に移転する計画がなされている。

こうした不動産市場の盛り上がりにともない、昨今は転売例も増加傾向にある。ただ、先述のとおり転売利益を外国送金する場合には、ベトナム国内の銀行口座を介した取引をし、税金をきちんと納税していることが求められる。このあたりをおろそかにすると、思わぬ税務リスクに直面することがあるので、ぜひとも注意しておいてほしい。

海外直接投資が進む不動産開発

不動産市場の過熱にともない、不動産開発への海外直接投資（ＦＤＩ）も増加している。ベトナム計画投資局（ＦＩＡ）が発表した２０１８年のベトナムの不動産市場へのＦＤＩ認可件数は、増資や株式取得などを含めて計２７０件に上り、投資総額はＦＤＩ全体の2割を占める66億１５３２万ドルに達したという。とくに日系に関しては、日本の人口減少によって国内の不動産市場が伸び悩んでいること、国内に開発できる土地が十分にないことなどから、ベトナムをはじめとしたＡＳＥＡＮ諸国に目を向ける傾向があるようだ。なお、住宅の購入とは違い、不動産事業となるとベトナムでの法人設立が必要となるうえに、最低資本金が２００億ドン（約1億円）と定められているし、投資可能な分野は開発やサブリースに限定される。

こうした状況のなか、海外直接投資の多くはマンション開発などに流れているわけだが、その際の不動産取得の方法についても、いくつかの制約がある。では、具体的に不動産デベロッパーはどのように不動産を取得するのか。土地法上、外資企業は不動産自体（土地使用権や建物のみ）の譲り受けができないため、①（現物出資や入札で取得した）更地からの自社開発による方法②プロジェクト譲渡による方法（その後、引きつづき開発するため実質は①に近い）③M＆Aで土地使用権やプロジェクトなどを取得した会社を企業買収する方法のいずれかを選択することになる。ただ、①②についてはもともと土地を持っている企業とのつながりがないと選択できない、③については既存の企業のリスクを引き継ぐといった問題がある。

そのため、多くの日系の大手企業は二の足を踏んでしまい、購買意欲はあっても、なかなか土地使用権を取得できずにいるのが現状だ。うまくいっている例をみてみると、4章のインタビューで紹介したホテル三日月グループのように、ローカルの有力企業（土地確保能力において信用性が高い）と組んでいるところがほとんどなので、ローカル企業との信頼関係の構築が重要になりそうだ。ただし、なかには詐欺まがいの話も散見されるので、あまりにもできすぎた話にはとくに注意を払ってほしい。

ちなみに、こうした住宅や不動産開発の盛り上がりもあり、日系の不動産管理会社や仲介会社の進出も増加傾向にある。不動産管理・仲介といった業態については不動産事業の資本の制約も受けないため、進出を検討する企業がさらに増えてくるだろう。

都市部でも郊外でも過熱する不動産開発

つぎにベトナムにおいて、日系企業がどのような不動産開発を手掛けているかをみていきたい。たとえば三菱地所は２０１９年1月、三菱地所アジア（１００パーセント子会社のシンガポール現地法人）が全額出資する三菱地所ベトナムを設立し、同年7月から本格的に営業を開始。ホーチミン市とハノイ市の中心地における不動産開発を進めていくとしている。

法人設立そのものは直近の出来事だが、実は三菱地所は２０１０年からベトナムでの不動産ビジネスに注力してきた。シンガポールのキャピタランド・ベトナム（政府系不動産開発会社のキャピタランドの傘下）とともにホーチミン市やハノイ市でさまざまな不動産プロジェクトを手掛けてきたのだ。今回の法人設立はそうやって得てきたノウハウを生かし、いよいよ本格的にデベロッパーとしてベトナムの不動産ビジネスに参画するという意欲のあらわれだろう。東京・

丸の内をはじめとした都市部の開発を得意とする同社が、ベトナムでどのようなビジネスを手掛けていくのか、非常に興味深い。

また、ベトナムの市場性に可能性を見出し、海外初進出を遂げた大手の日系企業もある。その代表格といえるのが西日本鉄道だ。同社は2015年からローカル企業のナムロン・インベストメントと日越折半出資を基本とする分譲マンションの開発に乗り出し、これまでに8件のプロジェクトに参画。とりわけ直近ならびにこれから完成予定のものは大規模な開発となっており、2019年に完成した「MIZUKI PARK（ミズキパーク）」（ホーチミン市）、2020年完成予定の「WATERPOINT（ウオーターポイント）」（ロンアン省）、2021年完成予定の「AKARI CITY（アカリシティ）」（ホーチミン市）は、それぞれ総事業費が100億円を超える規模となっている。

郊外の開発において注目したいのは、東急グループの動きだ。同グループはホーチミン市の近郊にあるビンズン省において、国営企業のベカメックスIDCと合弁会社（ベカメックス東急）を設立し、ビンズン新都市で大規模なまちづくりを進めている。東急グループといえば、田園調布をはじめとした多摩田園都市をつくりあげた実績を持っているだけに、ビンズン新都市にどのような「田園都市」が形成されることになるのか、ベトナム内外から熱い視線が集まっている。

さらに郊外の開発というところでは、大和ハウスグループの総合建設会社であるフジタと不動産開発などを手掛けるタカラレーベンが、ミナト・ベトナムという合弁会社を立ち上げ、ベトナム北部のハイフォン市で分譲マンションの開発に乗り出している。ベトナム北部でこうしたオール日系企業による不動産開発は初とのことなので、今後の動きに注視したい。なお、東急グループによるビンズン新都市の大規模プロジェクトについては、本章のインタビューコーナーでたっぷりと紹介する。東急グループの理念に根差したビンズン新都市のまちづくり、そのダイナミズムを感じ取ってもらいたい。

5年後の不動産市場はどうなるか

ここまでベトナムにおける不動産ビジネスの現状や事例、ポイントについて述べてきたが、長い目でみるとリスクについてはしだいに改善されるものと考えられる。たとえば、おそらく今後5年間で、ピンクブックが出ていない不安定な住宅の状況は改善されていくのではないだろうか。また、転売や日本への送金事例なども増えてきており、今後、数年経過すればより安心して不動産投資に臨めるようになるだろう。

一方で住宅の大量供給などにより、不動産価格の上昇は比較的抑えられていくと思われるし、ホーチミンエリアでもハノイエリアでも地域や物件において価格上昇には大きな差が出てくるだろう。たとえば、ホーチミン市やハノイ市では都市計画による開発がダイナミックに動いており、とりわけ中心部付近の新都市部の開発、メトロの開発・運行の影響を受けるエリアは不動産価格が引きつづき高騰する可能性が高い。とはいえ、ベトナムにおけるこうした都市計画によるダイナミックな動きは、いつ完成するかという見通しが立ちにくいという問題がある。日本であればおおよそ予定どおり進むような工事であっても、ベトナムではそうはいかない。すでに遅れているメトロの開発をみれば明らかなように、都市計画がそのままのスケジュールや内容で進むかどうかが不透明なので、先走って投資してもなかなかその価値が上がらないといった状況に陥る可能性もある。

そのほか一部報道で、外国人による不動産の買い占めを懸念したベトナム政府が、住宅法を改正し、不動産の購入にさらに規制をかけようとしているといわれていることも押さえておきたい。法律だけでなく事実上不動産プロジェクトの許認可が遅延しているというのもこのような背景によるものだろう。こうした将来的なリスク、さらには金利や為替などの動向なども踏まえたうえで、本当にベトナムの不動産に投資する、あるいは不動産開発に乗り出すメリットがあるのかを判断してほしい。

ビンズン新都市という新天地で東急マンのDNAを発揮し真の田園都市をつくる

ゲスト

ベカメックス東急 Executive Director

平田周二（ひらた・しゅうじ）

インタビュアー

CastGlobal Law Vietnam Co., Ltd.（キャストグローバルローベトナム）代表　弁護士法人キャストグローバル パートナー

工藤拓人（くどう・たくと）

シナジー効果を生み出すまちづくり

工藤　**キャストローベトナム代表**　日本において交通事業を中核としながら、不動産や生活サービス、ホテル、リゾートなどの事業を展開する東急グループですが、なぜ海外でまちづくりを展開することになったのでしょうか。まずはその背景からうかがいたいと思います。

平田　**ベカメックス東急エグゼクティブディレクター**　ベトナムでのビジネスのお話をする前に、まずは東急グループとまちづくりの歴史についてお伝えしたいと思います。そもそも、東急グループの原点は1918年に渋沢栄一氏らが立ち上げた田園都市株式会社です。同社の設立の背景には、日本の急速な近代化がありました。当時の東京は都市公害が深刻な状況になっていたため、東京郊外に自然と調和のとれた職住近接の住みやすいまち、すなわち「田園都市」をつくろうとしたのです。

ちなみに、この田園都市という概念のもとになっているのは、1898年に出版された『明日の田園都市』（エベネザー・ハワード著）という本です。この本ではロンドンの郊外につくられたレッチワースなどの衛星都市を田園都市のモデルとして紹介しているのですが、まさに渋沢氏たちはこのレッチワースなどのまちづくりに感銘を受け、都市公害が問題視されている日本においても理想的な田園都市をつくるべきだと考えたのです。

平田周二（ひらた・しゅうじ）
ベカメックス東急 エグゼクティブディレクター

こうして田園都市株式会社は多摩川台地区（東京の田園調布）や大岡山、洗足などの土地を購入し、住宅地の開発に乗り出しました。その後、1923年に関東大震災が発生したこともあって都心から移り住む人が増え、当初より売り上げは順調に伸びていったそうです。しかし、住居があるだけでは「職住近接の田園都市」という理想的なモデルを実現することはできません。そこで、田園都市株式会社は鉄道事業にも乗り出し、1922年には目黒蒲田電鉄を立ち上げ、目黒蒲田線（現在の東急目黒線と東急多摩川線）を開発しました。

なお、この間に渋沢氏は阪急電鉄の創業者だった小林一三氏に田園都市株式会社の経営を依頼していますが、小林氏も多忙だったこと

工藤拓人（くどう・たくと）
キャストグローバルローベトナム 代表

から、しばらくするとその任は鉄道省出身の官僚だった五島慶太氏に引き継がれました。しかし、短い間ではありましたが、小林氏は自身が阪急電鉄で構築した私鉄のビジネスモデルを目黒蒲田電鉄にも吹き込みました。当時、日本の鉄道は住宅から職場や学校まで人を運ぶだけのものでしたが、小林氏は鉄道を通して暮らしに楽しさをもたらすことを重んじ、阪急電鉄の宝塚駅に宝塚温泉や宝塚歌劇などの娯楽を設け、宝塚の住民を楽しませると同時に大阪の都市部から宝塚に人を呼び込むことに成功したのです。小林氏が確立したこの沿線開発やまちづくりを軸としたビジネスモデルはまさに私鉄ならではのものであり、当然ながら私たち東急グループの社員にも脈々と受け継がれているDNAなのです。現に東急グループの沿線開発においても、多くの人に東急グループが分譲・賃貸している住宅に住んでいただき、その人たちに東急ストアや東急百貨店で買い物をしてもらい、さらには東急グループの通信・電気などのサービスを利用していただくことで、シナジー効果による収益を上げてきたわけです。

しかし、今の日本においては当時ほどダイナミックな沿線開発やまちづくりを実現することはできません。事実、東急グループが90周年を迎えた2011年の時点で日本の人口はピークをすぎていましたし、今も全国的に人口は減少傾向にあります。ありがたいことに東急電鉄の沿線の17市区の人口はまだ増加傾向にありますが、それも2035年以降は減少に転じると予測されています。そうなると、東急グループのビジネスモデルは大きく揺らいでしまいます。従来の東急グループの収益構造のほとんどはサービス産業であり、沿線人口が減少してしまうと収益を伸ばしづらい構造になっているからです。

もちろん、こうした人口動態の変化にあわせて、東急グループでも福祉サービス、さらには介護付き高齢者住宅の分譲などを展開していますが、これだけで人口減少の影響をカバーできるとはいえません。こうして危機感が徐々に募り、かつてのようなダイナミックなまちづくりを展開できる新天地を求めることになったのです。

工藤 東急グループによる海外展開は1960年代からはじまっていますよね。

平田 東急グループは1960年代から海外進出を試み、パンパシフィックホテルなどの経営では成功をおさめました。しかし、2000年代前後になると日本の東急グループ本体とのシナジー効果が減少し、2007年には撤退、売却しています。つまり、当時はホテル事業単体で海外展開を進めてしまったがゆえに、現地で十分なシナジー効果を発揮することができず、当時の時代背景もあって撤退を余儀なくされたわけです。だからこそ、あらためて海外進出する際には以前と同じ失敗を繰り返さない、「東急のまち」をつくってしっかりとシナジー効果を生み出すということが重要なポイントになっていました。

ビンズン新都市開発はWin-Winのビジネス

工藤 そうしたなかで、なぜベトナムに注目したのでしょうか。

平田 現在、東急グループでは「美しい時代へ」というスローガンを掲げていますが、まさにその言葉にあるとおり、私たちは美しく暮らしやすい生活環境をつくることを目標にしており、そのためには先ほど述べたようにグループのシナジー効果を発揮したまちづくりを実現しなければなりません。そうなると当然、かつて私たちの先輩たちが日本で手掛けたような面的開発を展開したいと考えるのですが、北米や欧州はもちろん、中国沿海部や韓国の都市部ではすでに開発が進み、十分な土地を確保することができません。そこで、東南アジアに着目することになり、マレーシアやシンガポール、タイ、ベトナム、ミャンマー、フィリピンなどが候補にあがってきました。そして、それぞれの国を慎重に検討していくなかで、人口ボリュームと生産年齢人口が大きいこと、これから数十年は人口ボーナスを享受できること、さらには政治的に安定していること、仏教国ということもあって日本と文化や考え方が近いことなどの理由から、とくにベトナムに注目することになったのです。

工藤 平田さんはこのベトナムでの事業に最初からかかわっているそうですね。

平田 MBA(経営学修士)で学んでいた際にアジアに興味を持っていたこともあり、さまざまな国を検討したのですが、最終的にベトナムの市場性に可能性を見出し、立ち上げチームの一員に加えていただきました。一介の若手社員にすぎなかった私の意見を拾い上げてくれた面もあり、当時の役員や上司、仲間たちには本当に感謝しています。

工藤 素晴らしい社風だと思います。それにしても、ひと口にベトナムといっても広大ですし、ホーチミン市やハノイ市といった都市のほか、これから成長すると思われる近郊都市も数多く存在します。そのなかからなぜホーチミン市の郊外にあるビンズン新都市でまちづくりを展開することになったのですか。

平田 ビンズン新都市はビンズン省の省都であり、同省は工業都市としても知られています。東急グループの合弁相手でもある国営企業のベカメックスＩＤＣがシンガポールとともにベトナム・シンガポール工業団地（ＶＳＩＰ）を開発したほか、独自にミーフック工業団地を開発しており、海外から莫大な投資を呼び込むことに成功していたのです。しかし、ビンズン省政府もベカメックスＩＤＣも、今後、ベトナム国内の人件費が高騰し、現在立地している工場がさらに安価な労働力を持つカンボジアやミャンマーに海外シフトするのではないかという危機感を持っていました。

そこで、彼らが考案したのがビンズン新都市の開発です。その構想は旧市街に点在していた省政府機能を新都市に移転して統合庁舎をつくり、その庁舎を中心として１０００㌶の新都市をつくるというものです。結果、２００５年には政府の決定もおり、大々的に新都市の建設に向けた工事が進展、２０１０年にはゴム林を切り拓く大規模な一時造成が形になり、道路や電気、上下水道、光ファイバーも整備され、中央公園もできました。しかし、ビンズン省もベカメックスＩＤＣも肝心のまちづくりに関するノウハウを持ち合わせていませんでした。工業団地の開発には慣れていましたが、現代的な居住施設や医療・教育機関、商業・娯楽施設をどのような組み合わせで、どうやってつくるかが判然とせず、手をこまねいていたのです。

そういった背景のもと、ビンズン省とベカメックスＩＤＣは日本で多摩田園都市などの沿線開発を手掛けていた東急グループに声をかけてくれたのです。もちろん、私たちもその声に前向きに応えました。ビンズン新都市はホーチミンから北に30キロメートルという好立地にあり、当時から160万人（現在は220万人超）もの人口を有していましたし、工業都市としての発展ぶりも目覚ましく、GDPは2ケタ成長をつづけていましたから。

こうして東急グループとベカメックスＩＤＣの交流がスタート、当時の東急電鉄の首脳陣とベカメックスＩＤＣの会長はおたがいの国を往き来し、話し合いを重ねました。そして、東急電鉄の首脳陣は開発前のビンズン新都市を見て40～50年前の多摩田園都市を想起し、ベカメックスＩＤＣの会長は多摩田園都市を見て都市の理想像を見出しました。結果、ビンズン新都市に東急グループのノウハウを結集したまちをつくると

ビンズン新都市の全景

いうことで思いがひとつになり、2012年に合弁会社であるベカメックス東急を立ち上げることになったのです。なお、私自身は2011年末からベトナムに赴任して合弁会社の設立に奔走、ベカメックス東急を立ち上げてからはそのまま同社の所属となりました。

真摯なビジネスは良好な合弁関係につながる

工藤 まちづくりとなると、長期の事業計画が必要になりますが、当初はどのくらいの長さの事業計画を立てたのですか。

平田 10～20年くらいの事業計画を立て、まずは不動産分譲・賃貸などで早期の黒字化を目指すことにしていましたが、新都市全体の完成に関しては当初から30～50年といった長期的なプロジェクトになるという覚悟で臨んでいました。実際、東急多摩田園都市の人口は開発がスタートした1953年には2万人でしたが、それから65年余の歳月を経て60万人を超えるまでになったわけですから。

工藤 合弁会社であるベカメックス東急の出資比率はどのようになっていますか。

平田 東急グループが65、ベカメックスＩＤＣが35という出資比率になっています。当グループとしてはビンズンで仕事をさせてもらうわけだから、場合によっては50以下でもいいと考えていたのですが、ベカメックスＩＤＣが先進的な考えを持っており、交渉を重ねていくうちに「むしろ東急グループに多くを委ねることで東急グループならではのまちづくりを手掛けてほしい」ということになったのです。そのときには、心の底から「ビンズンの人たちがこのまちのことを大好きになり、笑顔になってくれるまでは帰れない」と思いました。

工藤 現に平田さんはいったん日本に戻られましたが、ふたたびベトナムに駐在していますね。ところで、合弁会社で事業を展開するうえでのご苦労などはありますか。

平田 むしろメリットが大きいと感じています。とくにまちづくり・不動産業は長期的な事業計画が必要になるし、すぐに成果が得られるわけではない分野なので、国営企業であり、ビンズン省で絶対的なインパクトを持つベカメックスＩＤＣとめぐりあえたのは幸運だったと感じています。実際、ベカメックスＩＤＣが合弁相手であるおかげか、許認可はスムーズにおりますし、行政や取引先から賄賂を求められるようなこともありません。

ただ、当初は社内手続きが厳しすぎて、事業のスピード感がやや鈍くなってしまうという印象もありました。今でこそなくなりましたが、合弁当初は新しいボールペンを購入するだけでも、ベカメックスＩＤＣ側のサインが必要だったくらいです（笑）。また、経費のチェックが非常に厳しく、ビジネスを進めづらいと感じる場面もありました。ですが、そういったことに一つひとつ真摯に向き合いながら、しっかりと実績を上げることで、徐々にベカメックスＩＤＣ側も私たちのカルチャーに歩み寄ってくれるようになりました。おかげで、最近はとくに大きな問題を感じることはありませんね。

多彩な顔を持つビンズン新都市の魅力

工藤 いよいよベカメックス東急がビンズン新都市で手掛けるまちづくりの内容についてお聞きしたいと思います。

平田 当社では２０１２年３月よりビンズン新都市（総面積約１０００（ヘクタール））内において、「東急ビンズンガーデンシティ（田園都市）」の開発に着手しました。ビンズン省政府からの投資認可額は12億ドル規模で、主に「ＳＯＲＡ ｇａｒｄｅｎｓ（ソラ・ガーデンズ）」という新都市入口エリアの開発、「ｈｉｋａｒｉ（ヒカリ）」という新都市中心部の開発、「ＭＩＤＯＲＩ ＰＡＲＫ」（ミドリパーク）という戸建住宅・マンションを中心とした63ヘクタールの一体開発を担っています。

そして、２０１２年にはソラ・ガーデンズ1を着工し、２０１５年に竣工しました。まさにまちの入口・顔となるエリアですから、ソラ・ガーデンズ1の外観や内装、サービスには徹底的にこだわりました。地上24階建て、戸数４０６戸のツインタワーマンションであるソラ・ガーデンズ1は、ビンズン省初の高層マンションであるだけでなく、東急設計コンサルタント社がコンセプト設計を担当するなどジャパンクオリティにこだわったことでも注目を集めました。また、プールやジム、ゲストルームなどの施設が充実しているほか、24時間のセキュリティ体制はもちろん、コンシェルジュや設備員も常駐し、快適で安心な暮らしがすごせるようになっています。

高層マンションのソラ・ガーデンズ1

工藤　都市公園に隣接しており、自然を身近に感じられるのも魅力的ですね。最初に住宅を手掛けた理由はありますか。

平田　当社が扱うことになった土地の多くが住宅用地だったことが大きいですね。また、ベトナムにおいても都市部では2010年頃から核家族化が進んでいたので、都市郊外のマンションのニーズが高まるだろうという読みもありました。ちなみに、この読みは見事に的中しました。売り出し価格は6万～13万ドルといったところでしたが、おかげさまですでに完売しています（本書の2016年版では6割程度が埋まっている状態だった）。この成功はビンズン新都市のブランディングにも奏功しており、最近ではタクシーの運転手に「ソラ・ガーデンズ」と伝えるだけで通じるようになってきました。

工藤　今後、このエリアではどのような開発を行っていくのでしょうか。

平田　すでに三菱地所レジデンスさんとの合弁事業で2棟目のソラ・ガーデンズ2を建設中（2021年竣工予定）です。その後は3棟目も建設予定となっており、さらに近隣の敷地を活用して大型の商業施設をつくる計画もあります。

工藤　ソラ・ガーデンズ1を竣工した2015年には商業施設のヒカリも開業していますね。

平田　ヒカリは新都市の中心部に位置しており、2014年にこの地に移転したビンズン省庁舎（ビンズン省行政センター）に隣接しています。そのほかにも、このエリアにすでに国際会議・展示場、ビンズン省社会保険局、ビンズン省消防局、ビンズン省投資開発基金といった行政機関、金融機関、ホテル、商工会議所ビルなどがあり、まさにビンズン新都市の中心といった様相を呈しています。私が着任した頃にはこれらの施設は何もなかったわけですから、きわめてはやいスピードで開発が進展していることがわかります。なお、ヒカリにはフードコートやレストランが入っており、こうした行政機関で働く人たちが飲食に困らないようになっているのですが、将来的にはそのほかの商業施設なども拡充していく予定となっています。

工藤 ヒカリに入っている飲食テナントの動向はいかがでしょうか。

平田 最初のうちは集客に苦労しましたが、オープンから3年で全体の売り上げは15倍くらいに伸びました。

工藤 すさまじい伸びですね。どのような取り組みを実施してきたのでしょうか。

飲食商業施設のヒカリ

平田 テナントの販売促進を狙ったキャンペーンやイベントを粘り強く実施することで、ランチだけでなく、夜にも多くのお客さまに来てもらえるようになりました。売り上げに関しては非常に好調なので、現在はレストランゾーンの拡充を進めているところです。

工藤 新設するレストランゾーンはどのようなものになるのでしょうか。

平田 持続可能性を大きなテーマにしたいと考えており、再生可能エネルギーを活用するのはもちろん、クラインガルテン（市民農園）を併設して収穫体験を楽しみ、そこで収穫した野菜をレストランに持ち込んで食べてもらえるようなサービスを提供する計画も考えています。また、レストランから出る生ごみについては焼却するのではなくコンポストで堆肥にして、クラインガルテンに還元するなどして持続可能なサイクルをつくっていきます。ちなみに、テナントとしてこの取り組みの目玉になるのがPizza 4P's（ピザフォーピース）です。ホーチミン市やハノイ市、ダナン市などに店舗を構える世界的にも人気のある店舗です。同社とはすでに連携しながらレストランゾーンの設計などを進めているので、ぜひ2020年冬の開業を楽しみにしていただきたいと思います。

工藤 住宅地のミドリパークについてもご紹介ください。

平田 ビンズン新都市の一番北側にある住宅エリアで、面積は63㌶におよびます。コンセプトは

「緑の空間での生活」となっており、緑や水、花に満ちた自然豊かな低層のヴィラ・タウンハウスや中高層のマンションなどを建設し、最終的には1万戸ほどの規模にする計画となっています。現在は順次建設を進めている段階で、２０１７年８月に42棟からなる「HARUKA Terrace／HARUKA Residence（ハルカテラス／ハルカレジデンス）」が竣工し、２０１９年12月に６０４戸からなるマンション「MIDORI PARK The VIEW（ミドリ

ハルカテラス／ハルカレジデンス

ミドリパーク・ザビュー

パーク・ザビュー）」が竣工しました。

住民の生活を豊かにする東急グループならではの開発

工藤 バスの運行も手掛けているそうですね。

平田 まちにはやはり住民の足が必要ということで、「KAZE Shuttle（カゼシャトル）」という路線バスを運行しています。新都市と旧市街を結ぶ主要路線のほか、新都市内の循環バス、さらには新都市とビンズン省内にあるイオンモールを結ぶ直通便など、6路線11系統で構成されています。もちろん、バスの運行に関しては日本の東急バス社のノウハウを最大限に生かしており、日本人スタッフによる直接指導などを行い、安全・安心の定時運行を実現しています。

市民の足となったカゼシャトル

工藤 公共交通機関の利用が一般的になるまでにはもう少し時間がかかりそうな気がしますね。

平田 ベトナムでは今も道路を埋めつくさんばかりのバイクが走っていますが、環境問題のことを考えると、やはりいずれは鉄道などの交通インフラの発展と利用が必要な時期がくるでしょう。しかし、鉄道の整備にはどうしても長い時間がかかるので、まずはモーダルシフト（環境負荷の少ない輸送手段への転換）を促す目的で、ビンズン新都市においてはバス事業からはじめることにしました。

このように東急グループではたんに住宅や商業施設をつくるのではなく、住民にとって持続可能で快適なまちづくりを推進することをつねに意識しています。このまちづくりの輸出という部分は日本の国土交通省や経済産業省、ＪＩＣＡ（国際協力機構）など日本政府の皆さまにも評価していただいており、ありがたいことに支援も頂戴しています。

工藤 教育や医療などについてはいかがですか。

平田 日本で医療機関の経営コンサルティングなどを手掛けるメディヴァ社が、２０１９年２月に「ビンズンアーバンクリニック」を開業してくれました。ビンズン新都市における最初のプライマリ・ヘルスケアのクリニックであるとともに、多言語対応も実現しています。教育についてはすでに大学や幼稚園、インターナショナルスクールがありますが、それについでビンズンの台湾人経営者の皆さんと協力して、越華国際学校というインターナショナルスクールを2019年11月に開校させることができました。もちろん、今後は日本人学校や韓国人学校の設立にも協力したいし、それに幼稚園や保育園といった施設も拡充していきたいと考えています。そのほか、ITに関しては当社の取り組みだけではなく、実はNTT東日本さんがベカメックスIDCと新都市のスマートシティ化に向けて協業をはじめており、クラウドWi-Fiなどを整備していく予定とうかがっています。

工藤 娯楽についてはどうでしょうか。

平田 ベトナム国民が大好きなサッカーに関しては、ベカメックスIDCが経営する「ベカメックス・ビンズンFC」というクラブチームがあり、国内リーグなどで活躍しているほか、2013年から日本の川崎フロンターレさんと提携関係にあり、毎年、親善試合や交流イベントを行っています。また、日本のTBSテレビさんの人気番組『SASUKE』のベトナム展開もお手伝いしており、2015年からは毎年、ビンズン新都市で収録開催されています。そのほか、ビンズン新都市内に「ベカメックス東急球場」をつくったことで、野球やラグビーなどのイベントが開催され、大いにまちが盛り上がっています。あとは盆踊りなども毎年開催しています。

ベトナムの未来を切り拓くビンズン新都市

工藤 将来的にビンズン新都市はどのようなまちになるのでしょうか。

平田 「Ａｌｗａｙｓ Ｎｅｗ（オールウェイズニュー）」というシティコンセプトを掲げ、さまざまな「ベトナム初」を取り入れ、注目が継続するようなまちにしていきたいと思っています。また、そうやって環境を整えつつ、今後はオフィスエリアなどを拡充していきます。ビンズン新都市には広いオフィス空間と住宅、庭、公園、美しい空気があるうえに、渋滞などは一切ありません。こうした環境をアピールしながら働く人々のニーズに応え、企業を積極的に誘致・育成していきたいですね。

工藤 具体的にはどのような環境整備が考えられますか。

平田 たとえば医療環境では、つぎに健康診断施設や総合病院の誘致を進めていきたいと思います。また、交通に関しては公共交通機関の補助的な機能としてレンタサイクルや電動キックボードなどを取り入れてみたいですね。オンデマンド交通もおもしろいと思います。こうした取り組みを積み重ねることで、多くの人にホーチミン市やハノイ市よりもビンズン新都市が先進的であるというイメージを持っていただき、ビンズン新都市に住みたいと思ってもらえるようにしていかなければなりません。そして、いずれはインバウンドにとっても魅力的なまちにできたらと思っています。

工藤 2025年のビンズン新都市はどのようになっていると思いますか。

平田 交通面の変化が大きいでしょうね。自転車レーンが整備されるなどして自転車での移動がスムーズになっているかもしれません。地元政府が建設を進めているホーチミン市都市鉄道1号線については、ビンズンへの延伸計画などに動きがあると最高ですね。教育でいうと、日本人学校や韓国人学校が機能し、外資の駐在事務所や企業などが増加することを望みます。また、医療に関しては総合病院や大学病院のオープン、娯楽に関してはベカメックス・ビンズンFCの活性化を願っていますし、そうなるように私たちとしても一生懸命取り組んでいきます。いずれにしても、ベトナムは交通網が未発達である分、職住近接の田園都市を実現できる可能性が大いにあります。東急グループのノウハウを最大限に生かし、ビンズン新都市を理想的な田園都市にしていきたいと思います。

コラム

1 ベトナムにおいて「袖の下」は必要悪という誤解

ベトナムビジネスの現場において賄賂が横行しているというイメージはいまだに根強い。そのため「うちはそういうことができないのですが、それでもベトナムで事業はできますか」といった相談を受けることがしばしばあるが、そのたびに心配無用であると断言している。事実、弊社（アイ・グローカルグループ）のクライアントは半数以上が日本で上場しているコンプライアンス意識の高い会社だが、賄賂などに頼ることなく、問題なくベトナム現地法人の経営をしている。

だが、依然として世界各国の汚職を監視している非政府組織（ＮＧＯ）のトランスペアレンシー・インターナショナル（ＴＩ＝Transparency International）の腐敗認識指数ランキングをみると、２０１８年のベトナムの順位は１８０カ国中１１７位となっており、その状況はあまり改善されていない。また、ベトナムに進出にしている日系企業から「役所に賄賂を要求された」という話を聞くこともしばしばある。

しかし、だからといってそういった要求に従わないと事業が成り立たないというわけではない。たとえば、賄賂を要求されることが多い場面としては、税務調査や税関調査などの当局による調査時があげられる。具体的には税務調査で多額の罰金を科されそうになった際に、それを逃れるためにその罰金よりはるかに低い金額の賄賂を要求されるというパターンがあるわけだ。だが、普段から正確かつ保守的な税務申告を心がけていれば、そもそも多額の追徴課税や罰金を要求されることはないし、不合理な要求があれば抗弁することは可能である。社会主義国家であっても法はしっかりと機能しているので、そういった要求に臆する必要はまったくないのだ。

逆に「ベトナムビジネスにおいては賄賂が必要悪」と考え、それを前提に経営していると、つぎからつぎへと賄賂を要求されたり、想定外の金額を要求されたりといったリスクに直面する可能性が高くなるだろう。ベトナムビジネスに関しては進出時からコンプライアンスを徹底し、健全な会社経営をすることが何よりものリスク回避となるし、コスト削減にもなるのだ。

コラム

2

ベトナムにおける住宅の購入方法と活用方法

2015年7月に住宅法が改正された前後から、ベトナムの不動産に対する日本人の注目度が一気に高まった。当初は大きなデベロッパーが良い場所を確保していたが、改正住宅法が機能するかわからないという状況もあり、リスクを負ってでも投資したいという人が投資していた印象だった。

しかし、デベロッパーとの売買が問題なくできそうだという見方になってからは、外国人からの需要もドンドン高まっている。ほとんどすべての物件がプレビルド(竣工前)で売られているなかで、どの物件が信用できるのか、投資価値が上がるのかというのは非常に難しい判断になっている。実際、ベトナムに居住している私たちでも、このような投資判断は容易ではない。現状では信頼のできる不動産仲介から多くの情報を収集し、法令や事後のコストについても頭に入れたうえでの物件判断が必要となる。

だが、最近は不動産にかかわる事業者が増え、どの情報が正しいかを見極めるのがますます難しくなってきている。外国人の転売事例も出ているし、賃貸収入を得ている事例も多く目にしているが、購入時や納税時などの手続きの不十分さからなのか、依然として転売時の利益を送金できなかった、送金できないという話も耳にする。

では、どうすればそういったリスクを抑えることができるのか。その一例としてあげられるのが、ベトナムにある企業のオーナーが不動産を購入し、それを会社の社員寮として会社に貸し付けるというパターンだ。もちろん、適切な価格にする必要はあるが、賃借人も安定するし、管理の手間も省けるのは大きなメリットだ。ただ、管理費用や個人所得税などを考えると、想定していたよりも利回りが小さくなりがちなので、不動産投資をする以前に現実的な見積もりを出しておいたほうがいいだろう。

また、ベトナムの子会社などで住宅を保有する場合には、本章でも記載したとおり、賃貸に出すことができないということにも注意したい。しかし、その会社の日本人従業員などの寮にすることはできるし、そのような資産として購入する企業もある。家賃手当を出すのではなく、不動産を会社で保有し、将来的に不要になったら転売するという選択肢もあるのだ。とはいえ、不動産の活用状況は今後、頻繁に変わってくるし、先行きが見通しにくい。投資を検討する場合には、まずは現地での情報収集に努めてほしい。

第6章

合弁、M&Aをはじめとした多様な進出形態

合弁事業が増えている理由

ベトナムにおける注目業種の動向や企業の取り組みをみてきたが、最後にあらためて日系企業の進出形態について紹介しておきたい。

従来、日系企業のベトナム進出といえば、日本企業独資の新法人設立というパターンが多かったが、最近はローカル企業への資本参加や買収、ローカル企業との新規合弁会社設立による進出が増えてきている。

その理由については、主につぎの３つがあげられる。

①ローカル企業の成長により、資本参加する価値のある会社が増えているため

従来はローカル企業が未熟だったため、買収したり資本参加したりするより、イチから新法人を独資で設立してしまったほうがいいと判断されがちだったが、近年のベトナム企業の成長により状況が変わった。

②ベトナムの内需開拓は外資単独では難しいため

ベトナムの小売市場は、２章で紹介したようにＭＴ（モダントレード：スーパーマーケットやコンビニなど）が増えてきているものの、それでもまだ大半をＴＴ（トラディショナルトレード：いわゆるパパママショップ）が占めている。そのため、独資だと味の素やヤクルトなどのように海外市場攻略のノウハウがある会社でないと厳しい。そこで、市場開拓についてはローカルの合弁相手に任せ、日系企業側は製品開発に専念するというスタイルがみられるようになってきた。

③海外進出経験の乏しい会社の進出が増えているため

最近はドメスティックなビジネスを展開している大手企業や中堅・中小企業の進出が増えているが、その多くは海外ビジネスのノウハウをあまり持っていない。そのため、そういった企業はローカル企業と組んでベトナムに進出しようとする傾向がある。

合弁事業を成功させるポイント

こうした理由によって、ベトナムにおける合弁事業は年々増加しているわけだが、当然ながらそのすべてが成功するわけではない。事業の途中で仲違いしてしまい、ベトナムから撤退せざるをえなくなるといった末路をたどる会社もある。

ならば、いかにして合弁事業を成功に導くことができるのか。まず大切なのは当事者間で役割分担が明確になっていることだ。たとえば、製造開発は日本側、営業はベトナム側といった具合に役割分担が明確になっており、その内容がきちんと契約書などに落とし込まれていなければならない。

時折、両者の役割が明確でないまま50対50での出資比率となっているケースを目にするが、これは実に危険だ。その場合、実際に事業を展開しはじめて、どちらかの負担が大きかったり、どちらかが損をしたりといった状況になってしまうと、かなり高い確率で揉めることになる。だからこそ、役割分担を明確にし、それぞれの役割に即した出資比率にしておくことが重要になる。もちろん、熟慮のうえ50対50の比率にするということもあっていいが、そうすると株主総会(有限責任会社の場合社員総会)の普通決議すら単独ではできなくなるということをあらためて認識する必要がある。

だが、事前の契約に万全を期すだけでは不十分だ。それ以上に重要になってくるのが、おたがいをリスペクトし信頼し合う関係性である。いかに契約が完璧であっても、この関係性がなければ、ちょっとしたことで合弁事業にヒビが入りかねない。ともすれば、横領や技術・情報漏洩などの事業リスクが顕在化し、最終的に合弁解消となる恐れもある。そもそも、日本とベトナムは文化も商習慣も異なるし、その違いはいたるところで噴出する。であればこそ、その違いを乗り越えるためにリスペクトし信頼し合う関係性が求められるのだ。

もちろん、そうした関係は一朝一夕に構築できるものではない。時間をかけ、ゆっくりと醸成していくべきものだ。ビジネスにはスピードが求められることが多いが、急がば回れである。あるいはオーナーシップが問われる手法ではあるが、4章のインタビューに登場したホテル三日月グループのように、当初から合弁相手にみずからの本気度をしっかりと示したうえで、スピーディに関係性を構築していくという方法もあるかもしれない。また、本章のインタビューにある監査法人Ｃｒｏｗｅ Ｖｉｅｔｎａｍ（クロウ・ベトナム）の例も大いに参考になると思う。クロウ・ベトナムの場合は、合弁相手である弊社（アイ・グローカルグループ）とたがいの経営理念を共有し、ともに事業を推進するなかで、たしかな信頼関係を培ってきた。このようにまずは業務提携からはじめてみて、さらなる発展を目指すために合弁という選択肢をとるといった手順もあることを覚えておいてほしい。

M&Aと新規設立の違いを検証する

具体的に合弁事業をはじめる場合、新規に合弁企業を設立するか、M&Aで既存会社に出資するかといった選択肢がある。

とくに最近は単独での海外事業が難しいため、ローカル企業に出資したり、土地使用権を取得するためにローカル企業を買収したりするケースがみられる。しかしながら、ベトナムのローカル企業を買収する場合、既存のローカル企業の法務・会計・税務のリスクが高い場合が多いので注意しなければならない。不要なリスクは極力削減するべきなので、そうした場合は合弁会社を新規に設立するという選択肢を優先して検討したほうがいいだろう。

というわけで、新規設立とM&A、それぞれの手続きの概略をみてみよう。

●外資での新規設立の場合

①ＩＲＣ（投資登録証明書）取得：提出から15日以内（外資のみ）
②ＥＲＣ（企業登録証明書）取得：提出から３営業日（内外共通）

・会社の「設立」は②時点

・日本で登記簿謄本や代表者のパスポートなどの公証・認証書類が必要

・提出書類の不備で「提出」と認められるのに時間がかかることも多い

・提出してからも上記日数より実務上時間がかかることが多い

これらに加え、各省が管轄する業種についてはつぎの要素も必要になる。

③各省からのサブライセンス（例：小売、教育、防犯など）

・サブライセンスに係る業種はこの取得をしてから当該事業開始可能

・多くのサブライセンスは取得に時間がかかるものが多いので注意

つまり、新規設立に必要な期間の実態としては、①②における書類準備期間を入れると３カ月程度となる。また、合弁事業などで複数の出資者がいる場合は、株主間契約（合弁契約）などを締結することが通常なので、書類準備に時間がかかるケースが多い。③については、業種によって１カ月程度のものから半年以上かかるものまでさまざまだし、提出する地域によって対応が異なることもあるので、注意してほしい。

●M&Aの場合

M&A（持分・株式譲渡）の場合、新規設立と異なるプロセスとなる。

①株式譲渡契約の作成・締結

②M&A承認（Transfer Approval）の取得

※制限のない業種かつ51パーセント未満の出資であれば不要

③出資者変更手続（ERCの出資者名変更）

（④IRCの変更手続：必須ではない）

M&Aの場合、②③に要する時間が新規設立のIRC取得・ERC取得と同じくらいかかる。

よくM&Aの利点として手続きがはやくすむという話を耳にするが、ここで示したとおり、実際にはM&Aだろうが新規設立だろうが、事業開始までには同じくらいの時間がかかる。また、買収するローカル企業に法務・税務リスクがある場合は、デューデリジェンスなどを念入りに行う必要があるので、その調査期間や費用、また譲渡条件などの交渉期間を考えると、新規設立のほうが効率的というケースも多い。

もちろん、既存の設備や土地使用権の取得のためにM＆Aを急がなければならないケースもあるだろう。だが、資産だけの売買も可能なので、合弁会社を新規設立したうえで資産だけを購入するという選択肢があることも覚えておいてほしい。

有限会社と株式会社のどちらを選択すべきか

つぎにいざ新規設立を進めるにあたって、どのような事業形態があるかをみていきたい。そもそもベトナムの企業法において、事業形態は有限責任会社、株式会社、国営企業、合名企業、私人企業などに分類される。それぞれに特徴はあるが、ベトナムで外資が企業を設立するときに主に検討するのは有限責任会社と株式会社だけなので、ここではこのふたつに絞って説明したい。

日本では有限会社はなくなり株式会社に統一されたが、ベトナムでは今も有限責任会社が一般的となっている。そして、その主な違いは以下のようになっている。

有限責任会社	株式会社
□通常はこの形態	■有限責任会社より一般的ではない
□出資者一人でも可	■3人以上必要

□社員総会　■株主総会
□取締役会なし　■取締役会・会計士を含む監査役会の設置あり
□出資者の性質同じ　■配当／議決権優先株など可
□上場不可　■可

そもそも出資者が少ない場合は有限責任会社しか立ち上げられないし、出資者が３人以上の場合でも組織の複雑さ、株主総会や監査役会の運営コストを考えて有限責任会社を設立するケースが多い。事実、９割以上の外資企業が新規設立においては有限責任会社を選択しているはずだ。また、有限責任会社を後に株式会社に組織変更することもできるため、まずは有限責任会社を設立し、事業が軌道に乗ったら株式会社化するという方法も可能である。

会社設立以外の事業形態も検討してほしい

では、とにかく有限責任会社を設立すればいいのだろうか。答えは否である。まずは会社設立のメリットやコスト、リスクなどを把握し、それが負担となるようなら、ぜひともほかの選択肢を検討してみてほしい。

まず会社設立のメリットについては①外資規制をクリアしている（法律上&実務上）②会計監査が必要になるので最低限の帳簿の信頼性がある③投資／買収時の手続きがスムーズになるといった点がある。とくに大規模なプロジェクトなどになると、こうした信頼性が重要になってくるので、会社設立は前提条件となるだろう。

ただ、その一方で会社設立にはコストがかかり、リスクがある。ベトナムにおいて外資で会社を立ち上げる場合、資本金は別にして、会社設立にも数十万円はかかるし、特殊なライセンスであれば数百万円におよぶ設立コンサル費用がかかるケースもある。また、外資企業はすべて監査を受ける義務があるので、普段の管理にもコストをかけなければならないし、監査法人に支払う費用も必要になる。むろん、外資かどうかにかかわらず、高い個人所得税や税務調査のリスクがあることも頭に入れておかなければならない。

会社を設立すると、撤退時のリスクが大きくなることも押さえておきたい。撤退にあたっては厳しい税務調査と煩雑な手続きが必要になり、1年から2年、場合によっては3年以上もの期間を要する。思い立ったらすぐに撤退というわけにはいかないだけに、やはり事前にしっかりと検討しておいてほしい。

というわけで、つぎに検討してみたいのが会社設立以外の方法である。資金力のある大手企業であれば最初から会社を設立してから考えることもできるだろうが、スタートアップで最初から会社を設立してしまうと、予想外のコストで首が回らなくなるので、身の丈にあった事業形態を選択することが重要になる。

では、小さくはじめるにはどのような事業形態があるだろうか。たとえば、ライセンスを持っている既存の会社に出向させてもらう、提携先をつくって営業代行してもらう、ＯＥＭを依頼するなど、さまざまな選択肢がある。もちろん、いずれにしても情報・技術漏洩のリスク、利幅確保など想定しなければならないことはいろいろとあるが、まずは会社設立以外にも多くの選択肢があることを認識しておいてもらいたい。小さく生んで大きく育てる——、これは国を問わずビジネスの王道といえるのではないか。

名義借りと調達・イグジットの難しさ

そのほか、ベトナムにまだない新事業などの場合、必要なライセンスが明確でなかったり、行政側も明確な回答をしてくれなかったりすることが多く、規制が少ないベトナム人（ローカル資本）の名義を借りるという選択肢があがってくることがある。

もちろん、出資者個人のリスクで行っているかぎりはそれなりのリスクですむが、スタートアップが成長・拡大し、最終的に資金調達やイグジットをする場合、名義借りのままだとやりづらくなるケースが多くなることを忘れてはならない。たしかに、ローカル企業として運営した場合、行政当局からの調査なども入りにくいが、その分、経営管理が不十分となり、企業として法律・会計・税務上のリスクを抱えてしまい、資金調達やイグジットが困難になるケースが多いのだ。

ならば、イグジットや資金調達前にローカルから外資に転換すればいいのではないかと思われるかもしれないが、それにも多くの問題が生じる。ライセンスを維持できるか、持分譲渡対価の設定・送金をどうするのか、これまで管理できていない問題をどう過去にさかのぼって調整するか、といった問題が噴出する。 そうなると、結局外資化できない、できたとしてもかなりの費用がかかる、ということになりかねない。外資化を見据えてローカル企業を設立するのであれば、最初からきちんと外資化を視野に入れた管理をすることが重要になるのである。

こうした事情に加え、ベトナムでは名義借りが法的に明確に認められていないこともネックになる。当然ながら名義借りをしてしまうと名義人がその会社の所有者になるし、名義人との間での合意を反故されたとしても法律上保護されない可能性が高いのだ。

また、こうしたケースとはやや異なるが、「最初はローカルで設立し、その後すぐに外資化したい」という相談を受けることもある。多くの相談者はその理由として①そのほうがはやく会社を設立できる②手続きが簡単③ライセンスの取得がしやすいといったことをあげるが、それには一部間違いがあるので注意してほしい。

たしかに設立だけならはやくできるが、その後外資化する場合、持分（株式）譲渡の手続きが必要となり、結局M&Aの際に必要になる手続きが求められるのだ。これは先述したとおり、外資での会社設立と同じくらいの期間と手間がかかるので、スピードを求めるのであれば得策とはいいがたい。

ライセンスの取得についても、外資化する際には外資設立時と同様の審査が入るため、結果的に手続きは最初から外資で設立するよりも煩雑になる。直近で急いで受けなければならない仕事があり、「ハコだけでもはやくつくりたい」というケースでもないかぎり、まずはローカルで立ち上げるという選択肢はあまり意味をなさないと考えていいだろう。

Win-Winの関係を重視した合弁・提携を

ベトナム進出におけるさまざまな事業形態をみてきたが、いずれにしても日本とベトナムの関係が一昔前と大きく異なることを念頭に置いたうえで検討してみてほしい。いまやベトナムの経済力、人材力は以前と比べものにならないほど成長している。かつてのように資本力と技術力にものをいわせて、合弁相手や提携相手の労働力や土地使用権、営業力などを取り込もうとしても、けっして良好な関係を築くことはできないし、ビジネスを継続することはできない。これからは自分たちにとっても、合弁相手や提携相手にとっても、Ｗｉｎ-Ｗｉｎとなるようなビジネスにしていくことが大切だし、それが良好な関係を構築するための礎となるはずだ。ここまで取り上げてきた日系のベトナム進出企業の実例は、いずれもＷｉｎ-Ｗｉｎの関係を重視してきたものだし、それゆえに現時点で順調に事業を展開できているといえる。私たち日本人はそのことをあらためて肝に銘じなければならない。

おたがいにリスペクトし信頼し合うことが良好な合弁関係を維持するための秘訣

ゲスト

監査法人Crowe Vietnam（クロウ・ベトナム）
マネージング・パートナー

Nguyen Quynh Nam（グエン・クイン・ナム）

監査法人Crowe Vietnam（クロウ・ベトナム）
インターナショナル・リエゾン・パートナー

Vu Lam（ヴー・ラム）

インタビュアー

I-GLOCAL（アイ・グローカル）パートナー

Tran Nguyen Trung
（チャン・グエン・チュン）

規制業種ゆえの厳しさを乗り越えてレベルアップをはかる

チュン　アイ・グローカルパートナー　さっそくですが、まずは監査法人Ｃｒｏｗｅ Ｖｉｅｔｎａｍ（クロウ・ベトナム）の設立経緯についてご紹介ください。

ナム　クロウ・ベトナムマネージング・パートナー　クロウ・ベトナムの設立は２００８年11月で、創業パートナーは私とラムです。ふたりともともとは４大会計事務所（ビッグ４）のベトナム事務所の監査法人とコンサルティング法人に所属していたのですが、その間にベトナム経済の急成長とそれにともなう会計監査やコンサルティングのニーズの向上、さらにはビッグ４だけでは多様なマーケットをサポートできないといったことを実感するようになり、一緒にクロウ・ベトナムを立ち上げることにしたのです。そして、それからほどなくして日系の会計ファームであるアイ・グローカルグループの資本参加のもと、同グループとの合弁会社となりました。

チュン　監査法人の立ち上げにあたっては、どのような経営理念を掲げましたか。

ラム　クロウ・ベトナムインターナショナル・リエゾン・パートナー　「監査・税務・アドバイザリーのニーズに対する不可欠な存在として、国内外を問わない共通の価値観を持つグローバルネットワークを構築すること」というビジョンを掲げています。また、クライアントと従業員にとって身近なファームになるために「クライアントのニーズを理解し、求めるサービスを高い品質と誠実さをもって提供すること」「従業員の価値観を理解し、彼らの能力開発に努めること」「クライアントと従業員の成長と成功を手助けすること」といったミッションを掲げています。

チュン 設立から11年が経過しましたが、現在はどのようなサービスを提供しているのでしょうか。

ナム 主に会計監査業務および税務コンサルティング業務を手掛けています。また、今後はコーポレートガバナンスとリスクマネジメントに関するサービスも展開する予定です。

チュン クライアントはどのような企業なのでしょうか。

ラム 主なクライアントはベトナムに進出した外資系の現地法人です。その割合でもっとも大きいのは日系企業ですが、最近はマレーシアやシンガポール、中国、台湾、

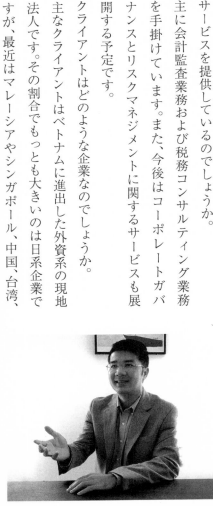

韓国、アメリカ、ロシアからの進出企業、さらにはベトナムのローカル企業にもサービスの範囲を広げています。

チュン 会計監査は規制業種（条件付業種）なので、さまざまな経営課題があると思います。どのような課題があり、それらをどのようにして乗り越えてきたのでしょうか。

ナム ご指摘のとおり、会計監査は規制業種ですので、会計基準そして職業倫理を厳守しなければなりません。また毎年、ベトナム財務省、業界団体（ベトナム監査法人協会）、当社が所属しているグローバル監査法人ネットワークのＣｒｏｗｅ Ｇｌｏｂａｌ（グロウ・グローバル）などから、定期的に業務の調査・査察を受ける必要があります。これらの条件をすべてクリアするためには、人材や資金などにかなりのリソースを投資しなければなりませんが、ベトナムで会計監査業務を行っていくにはそれが何より大切なのです。そのため、私たちはつねにより良いシステム（内部規定、業務プロセス、人材、ＩＴシステム）を構築してきましたし、これからも引きつづき改善していくつもりです。また、会計監査は多くの関係企業、そして社会に大きな影響を与えるものですから、たんに法的基準をクリアするのではなく、従業員全員がさらに厳格なコンプライアンス意識を共有できるように努めています。

チュン 社内の品質管理部を充実させているということでしょうか。

ナム 業務を定期的に監査する内部業務監査プロセスを構築し、つねに課題を検討し、改善できるようにしています。この方針を維持するには、時間もコストもかかりますが、それらは確実に将来的な成長につながると自負しています。一部の外資への規制緩和が進む一方、ベトナムの企業全般に求められるコンプライアンスの水準などは高くなっていくはずですから。

大切なのは違いを認識したうえで向き合うこと

チュン 現在、クロウ・ベトナムは合弁会社となっていますが、なぜ日系企業を合弁相手に選んだのですか。

ナム 合弁相手はもともと当法人を設立した最初のクライアントのひとつだったのですが、業務協力を進めていくうちに、たがいの経営理念に共感するようになり、一緒に協力して日系企業を支援していこうということになったのです。

ラム 合弁が成立して10年以上になりますが、今もおたがいのリソースを提供し合い、それぞれの強みを生かしながらクライアントをサポートできていると思います。私たちにとって、本当に素晴らしい出会いだったと思っています。

チュン 合弁のメリットについてお聞かせください。

ナム 合弁相手から日系のクライアントを紹介してもらえたのは大きかったですね。また、日系のクライアントのフォローをサポートしてもらえた際も助かりました。一部の日系のクライアントから想定以上に高い水準の成果物や業務プロセスを要求されて大変な思いをすることがありましたが、合弁相手が間に入ってサポートしてくれたおかげで、何とか窮地を乗り切ることができました。

ラム そうやって徐々に日系のクライアントから認めてもらえるレベルに近づいていったことで、多くのクライアントから信頼を勝ち取ることができたように思います。実際、当法人のクライアントの多くは長期にわたってお付き合いできていますし、クライアントが

あらたなクライアントを紹介してくれることもしばしばあります。だからこそ、先述したようにつねに品質を保ちながら、業務レベルを改善していくことが大事なのです。このあたりの方針はしっかりと合弁相手とも共有できていると思います。

チュン 逆に合弁会社であるがゆえの苦労はありませんでしたか。

ナム 合弁を進めたときに、おたがいに明確な合弁合意事項を提示し、両者ともその基本事項を遵守しているので、とくに難しい課題はなかったように思います。アイ・グローカルグループはこちらの考え方などをリスペクトし、信頼してくれているので、私たちベトナム側もつねにその信頼に応えられるように日々考えて努力しています。

ラム 転じて考えると、たがいにリスペクトしたり、信頼したりできていない合弁会社は、いかに明確な合弁合意事項を掲げてもそれを維持できないのではないでしょうか。契約は大切にしなければなりませんが、それ以前

にたがいの経営理念やビジョンに共感できるかということを重視すべきだと思います。

チュン 日本とベトナムの文化の違いはどのように影響していますか。

ナム 信頼関係を構築し、いくらおたがいに理解しあえたつもりでいても、文化の違いはやはりかならず存在します。ですから、私たちはこの事実と真剣に向き合いながら、合弁相手の考えを理解しようとしています。と同時に、合弁相手も同じように私たちとの違いを認識したうえで真剣に向き合ってくれていると感じています。ときには、考えが合致しないこともありますが、その場合は面と向かって話し合い、両者が納得できる着地点を検討するようにしています。おたがいがこうした姿勢を持ちつづけることができれば、多少の文化の違いは苦になりませんし、長期のパートナーシップを維持することができるはずです。合弁事業にかぎらず、これはグローバルにビジネスを展開するうえでもっとも大切なことだと思います。

チュン これまで、アイ・グローカルグループ以外にも多くの日系企業と仕事をしてきたと思いますが、日系企業に対してどのような印象をお持ちですか。

ラム 日系企業は少し気難しく、要求する水準が高いという印象があります。また、結果だけでなく、プロセスも重視するケースが多いので、きめ細かい対応が必要になりますね。そのため、ときにはおたがいの認識が異なったことによりトラブルが生じたこともありましたが、そういうときも、やはり真剣に向き合うことが最大の課題解決方法になりました。

日系企業向けに改善してきたサービスを非日系企業にも展開

チュン これまでは日系企業のクライアントが多かったようですが、今後はどのような営業展開を考えていますか。

ナム 十分なリソースとシステムを準備し、非日系企業を開拓したいと考えています。とくに韓国や台湾、欧州、そしてベトナムのローカル企業などのクライアントを増やしていきたいですね。すでに非日系企業のクライアントもある程度は抱えていますが、今後はさらに増やしていきたいと考えています。

ラム 当法人は監査法人ネットワークのクロウ・グローバルのメンバーファームでもありますので、このネットワークの他国メンバーファームとより深く業務提携を進めて、法定監査のみならず、内部監査やコーポレートアドバイザリーなどの業務も提供できるようにしていきたいと思います。そうやって、ベトナムの経済成長にともなうクライアントのニーズを先取りしていきたいですね。

日系スタートアップの活躍

この章のコラムではベトナムで活躍中の日系スタートアップにスポットを当て、それぞれの代表者に設立経緯やビジネスの動向について語ってもらった。

コラム

1

拡大するキャラクタービジネスの可能性

著者：**宮本洋志**（みやもと・ひろし）ＴＡＧＧＥＲ代表

日本ではセガトイズで玩具の販売事業に従事していましたが、２００９年に初めてベトナムを訪れ、キャラクタービジネスの可能性を実感しました。当時からすでに日本人を見ればば「ドラえもん」と呼ぶベトナム人がいるほど、ドラえもんはベトナムで人気を集めていましたが、キャラクタービジネス（映像ビジネスだけでなく、二次利用・三次利用を含む）についてはほとんど展開されていなかったからです。

その理由としては、知的財産に対する意識の低さなどがありましたが、それ以上にベトナムではキャラクターが生活に浸透していないということがありました。日本では、漫画、テレビアニメ、映画だけでなく、イベントや商品、キャンペーンなど、いたるところでキャラクターに出会う機会がありますが、当時のベトナムではその機会がテレビアニメか漫画にしかなかったのです。

すでにベトナムに惚れ込んでいた私はこの状況を変えたいと考え、「すべてのベトナム人のために、一生忘れられない瞬間をキャラクターを通じて生み出し、ベトナム人の人生を彩ること」を理念として2013年にTAGGER（タガー）を設立。現在は『ドラえもん』『名探偵コナン』『ワンピース』『ドラゴンボール』『クレヨンしんちゃん』といった日本のアニメ作品のライセンスを預かり、映像事業（番組販売・映画配給・VOD配信）、ライセンス事業（商品化権、販促利用権）、自社商品開発を行っています。

理念にあるとおり、私が目指したのはキャラクターを通じて、ベトナムの人々が一生忘れられないような価値をつくることです。キャラクタービジネスを展開するには、認知度以上に、そのキャラクターがどれだけ愛されているかが重要です。そのためにはベトナムの人たちがワクワクする機会や状況を知り、そこに自然にキャラクターが介在する施策を展開しなければなりません。

そこで、まず手掛けたのがドラえもんの吹替によるテレビ放映です。当時、ベトナムでは字幕もしくはボイスオーバー(外国語音声の上に、ナレーションで会話内容を説明する手法)による展開がほとんどでしたが、これではキャラクターの世界観やユニークな価値を届けることは困難です。実際、吹替によって視聴率には大きな変化はありませんでしたが、それぞれのキャラクターがベトナム語で話すことにより、ドラえもんステージショーやテレビCMなどで声を使用する機会が増え、「読む、見る」対象から「感じる、会える」存在となりました。結果、ドラえもんを通じて自社の思いを消費者へ伝えたいという日系、ベトナム系企業があらわれ、ベトナムにおけるキャラクタービジネスがスタートすることになりました。

それとあわせて、当社ではいつでもどこでもキャラクターと一緒の時間をすごすことができるよう、正規のリーズナブルなかわいいぬいぐるみを自社開発し、販売できる体制を整備。旧正月や女性の日、先生の日、母の日、クリスマスなどのイベントにあわせた商品開発やキャンペーンも仕掛けていきました。また、ギフト需要の掘り起こしにも力を入れ、誕生日などに着目、ベビー市場への参入も視野に入れました。そのほか、食品、飲料、菓子を中心とした既存市場にもアプローチしていますが、ただパッケージにキャラクターを印刷するだけでなく、開封時に驚きや笑顔が生まれるような仕掛けをつくるなど、独自のストーリーを演出するようにしています。

キャラクターと出会えるイベント展開も大切です。ベトナムではキャラクターの興行イベントはほとんど実施されていませんが、ドラえもんの映画は今では50万人近い観客動員を達成しているので、今後はチケット制のキャラクターイベントやキャラクターカフェなどの展開も考えています。

さらに、ベトナムはアジアでもトップクラスのインターネット普及国であり、すでにドラえもんはＹｏｕＴｕｂｅで30億回以上の再生を記録しています。今後はオフィシャルのＦａｃｅｂｏｏｋページの構築や、デジタルの価値と現物の商品を融合した企画など、デジタル施策も展開していきます。

私はこれからもキャラクターを通じて、ベトナムで暮らす多くの子どもや若者たちの人生を彩ることを目指し、ビジネスを展開していきます。ベトナムの人々をワクワクさせることこそが、私たちのワクワクであり、ミッションなのです。

コラム

2

盛り上がるスタートアップとベンチャーキャピタル

著者：田中 卓（たなか・たく） KAMEREO CEO／Founder

私はベトナムのホーチミン市を拠点にＫＡＭＥＲＥＯ（カメレオ）というスタートアップを運営しています。事業内容は飲食店と卸業者をつなぐ受発注プラットフォームの運営で、テクノロジーを駆使して効率的に生産者から仕入れた野菜を飲食店に卸しています。ベトナムには5年ほど住んでおり、ホーチミン市に4年、ハノイ市に1年住みました。

私はもともと外資系の投資銀行で働いていましたが、ある転機を経てベトナムに興味を持つようになりました。それは２０１２年のギリシャ危機でのことです。チームの半分近くをリストラし、日々下がる株価チャートを見つめるうちに、マクロ経済における自身の無力感に打ちひしがれたのです。と同時に、このような状況にあっても、ＧＤＰが毎年つねに5㌫以上伸びている国がいくつかあることに気づきました。とくに興味を持ったのはベトナムです。ＧＤＰの成長率がひときわ高く、人口も1億人近くおり、大いに可能性があると感じたのです。子どもの頃から飲食店を開業するのが夢だった私は、その状況をみるにつれて、成長市場で飲食事業にチャレンジしたほうがおもしろいのでは思いはじめるようになったのです。

そして、投資銀行で3年ほど働いた頃にベトナムでピザ屋を開業していたＰｉｚｚａ　４Ｐ’ｓ（ピザフォーピース）の社長のブログを発見し、仲間に入りたいと連絡してみたのです。先方はまさか私のような証券マンからの応募があるとは思ってもいなかったようでしたが、快く受け入れていただき、晴れてベトナム移住が決まりました。その後、店舗業務を経て、同社では取締役ｃｏｏまで任せていただき、3年の在職期間で店舗を1店舗から7店舗に拡大することができました。同社はその後も大きく成長を遂げ、ベトナムでは知る人ぞ知る飲食チェーンとなっています。

こうした経験をもとに私はＫＡＭＥＲＥＯ（カメレオ）を設立し、テクノロジーを活用して飲食業界の課題解決に努めるようになりました。ちなみに、私がベトナムを初めて訪れた２０１５年、ベトナムに進出している外資の大手チェーン店はそれほどありませんでした。しかしその後、マクドナルドやスターバックスなどが立てつづけに進出し、日系に関してもＣｏＣｏ壱番屋やリンガーハット、一風堂、8番らーめん、ワタミなど、多くの飲食チェーンが進出しました。

多くの飲食店にとって、年率7パーセント以上の経済成長を遂げているベトナムは魅力的です。また、２０１５年に外資１００パーセントでの飲食業参入が可能になったことも、海外の大手チェーンの進出を後押ししています。調査会社のＥｕｒｏ　ｍｏｎｉｔｏｒによると、ベトナムの飲食店数は１０００人当り6・3店舗と、全世界平均の2・5店舗、日本の5・3店舗を上回っています。外食市場規模に関しても、東南アジアではインドネシアにつぐ大きさとなっており、年率10パーセント以上で成長をつづけています。この傾向はますます顕著になると思われますので、私たちのビジネスにも大いに可能性があるとにらんでいます。

つぎに私たちをはじめとしたスタートアップの動向ですが、直近の5年でスタートアップの数、ベンチャーキャピタルの数、投資額のすべてが大幅に増加しています。ベトナムの経済が好調を維持するなか、高いインターネットの普及率とスマホ保有率、若くて多い人口にチャンスを感じ、スタートアップがつぎつぎと課題解決型のビジネスに取り組みはじめているのです。ベンチャーキャピタルの状況としては、シード期特化のベトナム発ベンチャーキャピタルが増加傾向にあるなかで、シリーズA以降のベンチャーキャピタルについては海外投資家が多いのが特徴となっています。また、海外の有名大学（スタンフォード大学など）で学んだ後に、ベトナムに戻ってきた若手エリートの活躍が目立つのも特徴といえるでしょう。こうした状況に加えてインドネシアの投資が一巡した感もあり、ベトナムは今、東南アジアでもっとも注目されているマーケットになっているのです。

注目マーケットであるベトナムには多くの日本人が海外視察などに訪れますが、実際に進出するのはそのごく一部です。どの市場についても同じことがいえますが、まずは現地で生活し、市場を理解することが肝心です。ひとりでも多くの日本人にベトナムのことを好きになっていただき、ベトナムビジネスにチャレンジしてもらえたらうれしいです。

第7章

スタートアップの視点も交えて5年後のベトナムビジネスを占う

本章では本書の締めくくりとして、執筆陣と日系スタートアップのArches（アーチーズ）の経営陣による座談会の模様を掲載。5年後のベトナムビジネスをテーマに議論を交わした。

座談会メンバー

I-GLOCAL（アイ・グローカル）
代表取締役
實原享之
（じつはら・たかゆき）

CastGlobal Law Vietnam Co., Ltd.
（キャストグローバルローベトナム）
代表
工藤拓人
（くどう・たくと）

I-GLOCAL（アイ・グローカル）
パートナー
Tran Nguyen Trung
（チャン・グエン・チュン）

Arches（アーチーズ）
共同創業者兼CEO
加藤洋気
（かとう・ひろき）

Arches（アーチーズ）
共同創業者兼COO
神原奨太
（かんばら・しょうた）

エキスパート人材のネットワークを活用したビジネス

實原 アイ・グローカル代表取締役

まずはこの座談会に参加いただいているアーチーズのおふたりに、ご自身の事業内容について紹介してもらいたいと思います。

加藤 アーチーズ共同創業者兼CEO

私たちはアジア各国の業界エキスパートとその業界知識を求める企業をつなぐ「エキスパートネットワーク」サービスを提供しています。具体的には、現地の各業界で活躍するエグゼクティブの方々（＝エキスパート）のデータベースを構築し、業界理解を深めたい企業に対して、電話インタビューやウェブアンケートを通じてオンラインで迅速かつ手軽に彼らの知識にアクセスしていただける仕組みを提供しています。

製造業からITスタートアップ、医師から政府関係者まで、アジア各国のさまざまな業界エキスパートが、自分の知識を他人に役立てたい、隙間時間を利用して収入を得たいなどの目的で弊社に登録してくださっています。

實原 サービスの利用者はどのような企業ですか。日本の事業会社もそのサービスを利用することはできるのでしょうか。

神原 アーチーズ共同創業者兼COO

現在の主なクライアントは先進国のコンサルティングファームや

投資会社などで、そういった会社がアジア各国の市場調査や業界分析を進めるなかで現場感のある情報をリモートで即座に取得できる手法として弊社のサービスを活用してくれています。こういった仕組みを確立することで、日本企業が成長著しいアジアにもっと進出しやすい環境をつくり、結果としてアジア全体の活性化に貢献できればと思っています。

實原　なぜこのビジネスをはじめようと思ったのですか。

加藤　前職（大手総合商社）でベトナム企業への投資に携わっていた際に、現地情報へのアクセスの難しさに大変苦労した経験があったからです。対象企業の事業評価や業界の将来見通しを分析しようにも、政府が公開している統計データやシンクタンクの出しているレポートが非常に少なく、ベトナム語でデスクリサーチを行ったとしてもウェブから得られる情報は限定的。結果として、高い費用をかけて調査会社・コンサル会社に頼っていたのですが、そこから得られる情報の多くは業界に詳しい方などから

左からアーチーズの加藤氏と神原氏

ヒアリングした内容をまとめたものであり、少し物足りなさを感じていました。

神原 私ももともとコンサルティングファームのアクセンチュアで勤務し、ドローンのスタートアップではオーストラリア支社の立ち上げもしていたのですが、そのときから海外進出をする際に必要な情報は外からのデスクリサーチでは限界があると悩まされていました。デスクリサーチでも時間をかければわかることも一部あるのですが、やはりビジネスの核となるような情報は実際にそのビジネスにかかわっている人に直接お話をうかがうのが質・量、かかる時間というすべての観点から優れていると気づきました。ならば、いっそのことみずから海外に拠点を置き、現地エキスパートのデータベースを構築して、それらをベースにしたビジネスを立ち上げようと考え、加藤との創業にいたりました。

加藤 エキスパートネットワークの活用方法には、期間限定でプロジェクトに参画してもらい業界知見とリソースを提供してもらう「短期派遣」というものもあり、その活用例も増えてきています。海外展開した際には、事業プロセス構築（ＢＰＲ）、ウェブマーケティング、ＩＴシステム導入／運用、人事制度設計など、正社員の雇用ではなく現地エキスパートを短期起用することで事業展開に必要な機能・リソースを柔軟に獲得していただくことが可能です。また、個人のエキスパートの人材マッチングだけでなく、弊社でそういった人材をチームとして組織し、クライアントの海外展開を一括して支援するサービスも手掛けています。

ベトナム発のテック系スタートアップの可能性

實原 さて、いよいよこの座談会のテーマである5年後のベトナムビジネスについて語り合いたいと思います。

工藤 キャストローベトナム代表　ベトナムが経済成長したとはいえ、まだまだインフラなどについては日本の数十年前といった印象を受けます。ただ、ITに関してはその差がほとんどなくなってきているのではないでしょうか。実際にスタートアップとして事業を展開している立場から、加藤さんや神原さんは今のベトナムのIT業界をどのように捉えていますか。

左から共著者の工藤氏、チュン氏、實原氏

神原　ご指摘のとおり、ＩＴ業界をはじめとしたテクノロジーの分野の一部では、日本とベトナムは正直、大差がないと思います。ベトナムでは人口の６割以上がスマートフォンを所有していることからもわかるように、テクノロジーがきわめて身近なものになっています。アメリカや日本で流行しているアプリケーションはすぐにベトナムのローカル版が登場するし、それらの流行から学んで、ベトナム発のテクノロジーを世界に発信することに若い起業家たちは本気で取り組んでいます。

ただ、一方で物流・インフラなどに関しては非常に遅れています。日本ではヤマト運輸や佐川急便などが長い年月をかけて素晴らしい物流網を形成してきましたが、ベトナムにはあのレベルのサービスはまだありません。それどころか、鉄道や高速道路もまだまだ整備されていないのが現状です。ですから、これからはそういった社会情勢にマッチしたテクノロジーが必要になってくるでしょうし、現にＧｒａｂ（グラブ：東南アジアのライドシェアリングサービス）のサービスを利用すればラストワンマイルの世界に関しては即日配達が可能になってきています。このように新しいビジネスモデルやテクノロジーを用いて現状の課題を解決したサービスを、同じくインフラ整備が遅れている国・地域に波及させていくことがポイントになってくると思います。

實原　そうなると、たんに以前の日本で成功したモノやサービスだからといってベトナムで受け入れられるとはかぎりませんね。現代のベトナムのニーズを見極め、上手にテクノロジーと掛け合わせながらあらたなモノやサービスを生み出していかなければならないように感じます。

加藤　まさにそのとおりで、これがいわゆるｌｅａｐｆｒｏｇ（リープフロッグ）現象だと思います。「カエル跳び」という言葉のとおり、これまでの先進国が歩んできた道のり、段階的発展を経ず、いきなりＩＣＴを使った先端テクノロジーでイノベーションが起き、ダイナミックに発展することが新興国では往々にして起こります。今のベトナム社会において改善余地があるところにスタートアップの伸びしろがあるといっていいでしょう。もちろん、そのチャンスは外資だけでなく、ローカル企業にも平等にありますし、現時点ではローカル企業のほうが目覚ましい活躍をしているように思います。

實原　たとえば、どのような例がありますか。

加藤　ＡＩ（人工知能）を活用した物流最適化プラットフォーム事業を手掛けるＡｂｉｖｉｎ（アビビン）や物流版Ｕｂｅｒ（ウーバー）といわれるＬＯＧＩＶＡＮ（ロジバン）などがそうです。アビビンは物流コストがＧＤＰの23パーセントを占めるベトナムにおいて、ＡＩによるロジスティクス最適化ソリューション「アビビンvルート」を開発し、ペガサス・テック・ベンチャーズ（アメリカのベンチャーキャピタル）主催の「スタートアップワールドカップ２０１９」にて、世界35カ国・地域から集結したスタートアップのなかから優勝、ロジバンは香港で開催された「ＲＩＳＥ２０１８」で優勝し、これまで世界の名だたるベンチャーキャピタルから累計７９０万ドルの資金調達に成功しています。まさにベトナムのテック系スタートアップのポテンシャルを感じさせる事例です。

神原

そういった点からも、もう「ベトナムは日本よりも遅れている」という感覚を持っていてはいけないと思います。むしろ日本とベトナムの違いに注目しながらビジネスモデルを創出していかなければなりません。

　そのひとつの視点として、これから注目したいのが教育分野です。現在、ベトナムは教育機関が不足しており、すべての国民に同時に高水準の教育機会を提供することに苦労しています。そこで、ベトナムのＴｏｐｉｃａ（トピカ）というスタートアップはオンライン教育事業を展開し、このギャップの解消に努めています。その取り組みは世界からも高く評価されており、シンガポールの投資会社であるノーススター・グループが５０００万ドルを出資しているほどです。これもまたベトナムのテック系スタートアップのポテンシャルを象徴する事例といえるでしょう。

ヘルスケアや環境などのビジネスに期待

工藤 テクノロジーは横展開しやすいので、日本でヒットしたものを持ち込むという選択肢もあると思います。ただ、その場合に重要になるのは、いかにローカライズしていくかということでしょうね。物流にしても教育にしても、ベトナムの現状にマッチしたサービスにしなければ受け入れられることはないはずです。

神原 最初からそのサービスによほどの強み、現状の課題とのマッチ度がないかぎりは、ローカライズしながら着実に差別化をはかっていくというプロセスをとらざるをえないと思います。

加藤 そのためにはやはり現地の優秀な人材の力を最大限に活用しなければなりません。手前味噌になりますが、そういった局面においてぜひとも当社のサービスを活用してほしいと思います。

實原 では、これからベトナムではどのようなニーズが顕在化すると思いますか。

神原　ひとつにはヘルスケア分野があると思います。ベトナムの平均年齢は30歳程度と若く、今はまだ高齢化などが社会問題になっていません。その点、日本はすでに超高齢化社会となっており、多くの大手企業やスタートアップがヘルスケア分野に真剣に取り組んでいます。これはいずれベトナムにも応用できる技術やノウハウになるのではないかと思っています。

工藤　医療サービスにかぎらず、今後は健康食品などのニーズも確実に大きくなっていくでしょうね。

チュン　**アイ・グローカルパートナー**　医療や健康食品といった分野に関しては、消費者に対する啓発活動もあわせて展開する必要があるでしょう。時間もコストもかかるので、ある程度、資金力を持っている会社でなければ厳しいかもしれませんが、ベトナムでは一度受け入れられると一気に広まる傾向があるので、チャレンジする価値はあるはずです。

實原　ベトナムでは最近、環境問題が深刻化しており、とくに大気汚染は社会問題としてしばしば報じられています。今後、こうした環境問題に関しては規制強化などが進んでいくはずなので、たとえば有害物質を出さない焼却炉など環境に配慮した技術やノウハウが重宝されるのではないでしょうか。

工藤 そういった技術やノウハウはたしかに強みになりますね。ただ、その場合は投資規模が大きくなるので、政府との関係性づくりなどを今のうちから地道に進めておく必要がありそうです。

ジャパンブランドの強みを生かして個別のブランディングを

加藤 ジャパンブランドが通用する分野とそうではない分野を見極めておくことも大切かもしれません。ジャパンブランドの価値は昔に比べると相対的に下がってきていますが、それでもたとえばベビー用品などは高くても安全・安心ということで日本製のものが人気です。こういったメイド・イン・ジャパンの強みが残っている分野については今のうちから積極的に攻めつづけ、メーカーや商品の個別ブランド価値を高めておくべきでしょう。

チュン エースコックベトナムの「Ｈａｏ Ｈａｏ（ハオハオ）」しかり、ブランドとして確立することができれば、それがどこの国の会社の商品かといったことはどうでもよくなりますからね。事実、ハオハオが日本の会社の商品であると知っているベトナム人は少ないと思います。

實原 音楽の素晴らしさを啓発しているヤマハ音楽教室も同様のスタンスですね。また、個人的にはハウスフーズベトナム（ハウス食品のベトナム子会社）の展開にも期待しています。同社はこれまでデザートの素などを製造販売してきましたが、２０１８年からついにカレールウの販売をはじめました。ベトナムにおいて日本式カレーの認知度は2割にも満たないとされていますが、いかに同社が日本式カレーを広めていくか、とても気になるところです。

加藤 大手企業の場合は、資金力とブランド力を生かし、地道にブランド構築を仕掛けていくところにおもしろみがありますね。もちろん、長期にわたってコストをかけるコミットメントがあるかどうかが試されますが。

實原　当然、そのためにはしっかりとしたマーケティングリサーチと事業計画が必要です。エースコックベトナムも進出以前から長期にわたるローカライズとブランディングの計画を練っていたわけですから。ただ、中小企業やスタートアップの場合はそこまで慎重になっていては持ち前のフットワークの軽さを生かすことができませんね。

神原　中小企業やスタートアップの場合は資金力もブランド力もないわけですから、アイデアとスピードも重視しなければなりません。アイデアを試作品(Minimum viable product)に落とし込んでいちはやく市場に出し、顧客の反応をみながら超速で改善を繰り返してくリーンスタートアップの発想が重要ですね。また、みずから進出するのが難しければ、ローカルのスタートアップと業務提携したり、投資したりするのも一案かと思います。

これからのビジネスのカギを握るのは高度人材の活用

工藤　スタートアップの目線でみると、ベトナムには他国にないメリットとしてどのようなものがありますか。

加藤 市場性に関しては素晴らしいものがありますが、資金調達に関しては良くも悪くもないという感じです。銀行の金利は高いし、シリーズＢ以降の投資ができる規模のベンチャーキャピタルなどもまだまだ少ないのが現状です。

ただ、人材に関しては非常に魅力的です。正直、語学力も地頭も成長意欲も、同世代の日本人より秀でているような印象があります。人材力に関してはＡＳＥＡＮでナンバーワンになるポテンシャルを持っているのではないでしょうか。だからこそ、これからはベトナムの人材を正当に評価し、それ相応の対価を支払っていくようにする必要があります。ベトナムの高度人材を自社のベトナム展開の中核として活用することが、これからのベトナムビジネスの大きなカギになってくるはずです。

實原 日系企業ではまだベトナムの高度人材を活用できているケースをあまり見かけませんね。そういった人材が現地トップになったほうが良いケースもあると思うのですが。

当社では創業時から社員の成長が会社の成長につながるということをモットーにしており、成長した社員にはできるかぎり高い給与を支払うようにしてきました。うちはほぼ新卒採用に絞っているため初任給は３５０ドル程度ですが、それから5年ほど毎年30パーセントの昇給させつづけるようにしています。若くて経験値の高い会計人材は引く手あまたであるため、そこまでしなければ給与が低いことが理由で転職されてしまいます。コストはどうしても大きくなりますが、優秀な人材を確保しつづけるにはそれなりの覚悟が必要です。もはやベトナムの労働力が一様に安いという時代は終わったと実感しています。

加藤 以前総合商社に勤めていた頃から感じていましたが、日系企業は駐在員をベースにしたビジネスモデルにとらわれすぎているように感じます。現地の高度人材を積極的に登用することで、あらたな局面が拓けるようにも思います。そのためには、裁量面でも給与面でも、ローカルの高度人材が働きたいと思うような組織にしないといけませんね。

神原 その点、欧米企業は積極的にローカルの高度人材を採用しています。そして、国籍で給与を定めるのではなく、しっかりと能力に応じた給与を支払っています。年収数千万円の価値がある人材がいれば、国籍を問わずにその金額で契約を結ぶわけです。ですが、多く日系企業は依然として駐在員より低い水準の給与を提示してしまいがちです。これでは本当に優秀なローカル人材は集まってこないでしょう。少なくともこれからは日本人と同じ業務を任せるのであれば、同じだけ支払うというマインドセットに切り替えるべきです。

チュン　そうなってくると、ベトナム人からすると非常に働きがいが持てそうですね。現在、ベトナムの高度人材の多くは地元の大手企業や欧米企業に流れてしまっており、日系企業にはほとんど目を向けていません。働きがいのある職場環境にすることは、日系企業にとって確実にプラスに働くでしょう。

實原　ただ、その場合のリスクも念頭に置く必要があります。ベトナムは社会主義国家特有の労働法ですので、減給も解雇も事実上ほぼ不可能になっています。雇用契約を2回更新した時点で無期限の雇用契約にしなければなりませんし、現在ベトナムの国会で審議されていますが、定年延長は時間の問題だと思います。それでもこうしたリスクがあることを理解したうえで、本当に必要な高度人材に投資をするようにしたいところです。

神原　このリスクを軽減する手立てはないのでしょうか。

實原　年収に占めるボーナスの割合を増やすという方法があります。ボーナスは給与と異なり、そのつど会社が決めるものなので、比較的柔軟に増減させることができるのです。ただし、変動制の高いボーナスは税務上、損金にすることが難しいため、その割合が大きくなるとその分だけ法人税が増えてしまいます。それでも目先の法人税の問題には目をつむって将来のリスクを軽減しておくべきだと思います。

加藤 それは素晴らしいリスクヘッジの方法ですね。あと気になるところとしては、日本人は海外に駐在しても日本人同士で固まってしまう傾向がありますが、これからは組織そのものをグローバルにしていかなければならないと思います。大手企業が急にそういう体制に切り替えるのは難しいかもしれませんが、中小企業やスタートアップであれば柔軟に対応できるはずなので、ぜひとも組織のグローバル化を推進していってほしいものです。

實原 高度人材の活躍の場がベトナム国内で広がっていくと、ベトナム発のモノやサービスがつぎからつぎへと世界に発信されていきそうですね。

加藤 5年後、10年後にはベトナム人が率いたり、中核メンバーとして活躍したりするグローバル企業があらわれるのではないでしょうか。

神原 すでにベトナムの高度人材は内需ではなく、ASEANも含めた海外の市場をしっかりと見据えていますから、グローバルな展開は加速していくでしょう。

工藤 TPP11（環太平洋パートナーシップに関する包括的及び先進的な協定）やRCEP（東アジア地域包括的経済連携）も追い風になりそうですね。

實原 そういった動きにともない、国内ではコンプライアンスなどが強化されていくことになると思います。

加藤 コンプライアンスが厳しくなる反面、合理的な発想はしやすくなるかもしれません。かつてはビジネスにおいても縁故が重んじられる傾向がありましたが、よりビジネスモデルそのものが問われるようになるはずです。弊社も適切な費用をかければ適切な人にすぐにアクセスができる世界を目指しています。

實原 ルールを順守する人が戦いやすくなる環境は歓迎すべきですね。

工藤 基本的にそういう流れになってくると思います。また、外資に対する規制も基本的には緩和されていくはずですから、進出の好機になるでしょう。現在議論されている投資法の改正草案でも規制の大きい制限付き投資分野で緩和される予定のものが出てきています。

實原 これからはベトナムに進出する企業とベトナムの国や人材がＷｉｎ-Ｗｉｎの関係を築けるビジネスが、今まで以上に成功しやすい環境になっていくということなのだろうと思います。たがいに成長を実感し、ワクワクすることができれば、素晴らしいビジネスが実現するでしょうし、それは日本にとってもベトナムにとってもかけがえのない財産となり、未来への大きな礎になるはずです。私たちとしても、そういった動きを積極的に支援しつづけたいと思います。

エピローグ

日本の経済成長はすでに頭打ちになっているが、ベトナムの経済成長は長期的につづくとみられている。事実、ＰｗＣ（プライスウォーターハウスクーパース）の「２０５０年の世界」という調査レポートによれば、ベトナムは２０５０年まで年平均約５パーセントの経済成長を遂げるという。

この経済成長にともない、日本とベトナムの関係は大きく変化していくだろう。日本をはじめとした先進国はかつて、ベトナムを労働力が安い生産拠点と捉えてきた。そして、近年は「世界の工場」と呼ばれた中国のリスクを軽減するための拠点、すなわちチャイナプラスワンの拠点として活用すると同時に、ベトナムにおける中間層の拡大に着目、その市場を獲得するために積極的な投資を展開している。

しかし、この状況すらもはや過去になりつつある。市場は依然として可能性に満ちているが、それだけでなく、素晴らしい人材力をベースにあらたな成長の段階に入っているのだ。まさにこれからはそういったベトナムの高度人材とともに新しいモノやサービスを生み出し、ベトナム国内はもとより、世界に向けてビジネスを発信する時代なのではないか。こうした思いを胸に、本書にはベトナムビジネスの第一線で活躍するプロフェッショナルたちの知見や視点を盛り込んだ。ベトナムビジネスの現状が感じられる内容になっていると思うので、ぜひともこうしたベトナムビジネスの進化を体感していただきたい。そして、その進化にワクワクしたならば、思い切って私たちとともにベトナムビジネスにチャレンジしてほしいと思う。

なお、本書の出版にあたっては、共著者のメンバーをはじめ、東方通信社の古川猛編集長と熊本鷹一さん、バリュークリエイトの鶴見奈央子さんと川越仁愛さんなどに協力いただいた。また、インタビューにご登場いただいたエースコックベトナムの梶原潤一社長、ホテル三日月グループの小高芳宗代表、東急グループの平田周二さん、クロウ・ベトナムのナムさんとラムさん、そして、座談会に協力してくれたアーチーズの加藤洋気さんと神原奨太さん、それからコラムに寄稿してくれたタガーの宮本洋志さんとカメレオの田中卓さんにも、心から感謝の意を述べさせていただきたい。

プロローグにも記したとおり、これからは5年おきに本書の内容をアップデートした最新版を出版したいと思っている。刻々と変化し、成長するベトナムビジネスの姿をそのつど、できるかぎり魅力的に表現していくので、ぜひご期待いただきたい。

執筆者代表　蕪木優典

主な参考文献

司馬遼太郎『人間の集団について ― ベトナムから考える』中央公論社・1974年
坪井善明『ヴェトナム ―「豊かさ」への夜明け』岩波書店・1994年
小倉貞男『物語ヴェトナムの歴史 ― 一億人国家のダイナミズム』中公新書・1997年
鎌田 隆『ベトナムの可能性 ― ドイモイの「未来社会像」』シイーム出版・2006年
※そのほか、外務省や日本貿易振興機構(JETRO)、国際協力銀行(JBIC)などのデータや資料も参考にした。

共著者略歴

蕪木優典（かぶらぎ・ゆうすけ）

1972年生まれ。94年慶応義塾大学経済学部卒業。96年朝日監査法人（現あずさ監査法人）に入所。2000年アンダーセンベトナム（現KPMGベトナム）に出向し、以来、ベトナムでのビジネスに携わる。同年、日本人で初めてベトナム公認会計士試験に合格し、ベトナム公認会計士登録。03年ベトナム初の日系資本会計事務所（現I-GLOCALグループ）創業。2010 年カンボジア初の日系資本会計事務所創業。2011年カンボジア会計士協会に会計士登録。日本、ベトナム、カンボジアを往き来しながら「ワクワク経営」を実践中。

實原享之（じつはら・たかゆき）

1983年生まれ。株式会社I-GLOCAL代表取締役。公認会計士（米国/ベトナム/カンボジア）。神奈川県横須賀市出身。ベトナム・ホーチミン市在住。2007年神戸大学建設学科卒業。事業会社で営業と経理を経験後、2009年にI-GLOCALに入社。2010年に日本人としては4人目、外国人として最年少でベトナム公認会計士試験合格。2012年よりベトナム現地法人であるI-GLOCAL CO., LTD.の社長に就任。2016年より現職。ベトナムに常駐し、ベトナム・カンボジアへの日系企業の進出とその後の経営管理全般を支援している。

工藤拓人（くどう・たくと）

1985年生まれ。弁護士法人キャストグローバルパートナー、CastGlobal Law Vietnam Co., Ltd.代表。日本国弁護士、ベトナム外国弁護士。2008年東北大学法学部卒業。2010年神戸大学法科大学院卒業。11年に弁護士登録し、弁護士法人キャストに参画。以来、日系企業の中国・ベトナムにおける進出・運営に関する法務のサポートを行う。14年よりベトナムに居住し、社内のベトナム人弁護士とともに日系企業200社ほどに契約書作成や労務、不動産その他ベトナムにおける法務支援を幅広く行っている。

Tran Nguyen Trung（チャン・グェン・チュン）

1980年生まれ。株式会社I-GLOCALパートナー。2000年ホーチミン市工科大学を中退し、日本政府の国費留学生として日本に留学。大阪大学大学院工学研究科を卒業後、日本の大手ITベンダーを経て、2008年ベトナムに帰国。2009年I-GLOCAL入社。今までベトナム進出を支援した日系企業は300社以上。I-GLOCALの共同経営者として自社のマネジメントを担う一方で、日越両国の制度と文化を熟知するコンサルタントとして今も多数のベトナム進出日系企業を支援している。

これからの
ベトナムビジネス2020
Win-Winの関係がもたらす多様なビジネスと人材

2020年1月31日　初版1刷発行
2021年5月31日　初版2刷発行

著者　　燕木優典、實原享之、工藤拓人、Tran Nguyen Trung
発行者　古川 猛
発行所　東方通信社
発売　　ティ・エー・シー企画
〒101-0054
東京都千代田区神田錦町1-14-4
東方通信社ビル4階
電話　　03-3518-8844
FAX　　03-3518-8845

www.tohopress.com

装幀　　川越仁愛（バリュークリエイト）
印刷・製本 シナノ印刷